사랑은 분명
강아지
모양일 거야

스토리 소소하지만 열정적인 당신의 일상을 공감과 위안, 힐링을 담아 응원합니다.
인시리즈 어떤 말들보다 큰 힘이 되어주고 당신만의 이야기를 마음껏 펼칠 수 있도록, 당신의 스토리와 함께합니다.

임시보호 가족의 견생 응원 일기
사랑은 강아지 모양일 거야

초판 1쇄 발행 2023년 11월 30일   지은이. 홍지이
                                      펴낸이. 김태영

씽크스마트   홈페이지. www.tsbook.co.kr
경기도 고양시 덕양구 청초로 66   블로그. blog.naver.com/ts0651
덕은리버워크 지식산업센터 B동 1403호   페이스북. @official.thinksmart
전화. 02-323-5609   인스타그램. @thinksmart.official
                                       이메일. thinksmart@kakao.com

ISBN 978-89-6529-386-6 (03810)
ⓒ 2023 홍지이

이 책에 수록된 내용, 디자인, 이미지, 편집 구성의 저작권은 해당 저자와 출판사에게 있습니다. 전체 또는 일부분이라도 사용할 때는 저자와 발행처 양쪽의 서면으로 된 동의서가 필요합니다.

• 씽크스마트-더 큰 세상으로 통하는 길

'더 큰 생각으로 통하는 길' 위에서 삶의 지혜를 모아 '인문교양, 자기계발, 자녀교육, 어린이 교양·학습, 정치사회, 취미생활' 등 다양한 분야의 도서를 출간합니다. 바람직한 교육관을 세우고 나다움의 힘을 기르며, 세상에서 소외된 부분을 바라봅니다. 첫원고부터 책의 완성까지 늘 시대를 읽는 기획으로 책을 만들어, 넓고 깊은 생각으로 세상을 살아 갈 수 있는 힘을 드리고자 합니다.

• 도서출판 큐-더 쓸모 있는 책을 만나다

도서출판 큐는 울퉁불퉁한 현실에서 만나는 다양한 질문과 고민에 답하고자 만든 실용교양 임프린트입니다. 새로운 작가와 독자를 개척하며, 변화하는 세상 속에서 책의 쓸모를 키워갑니다. 흥겹게 춤추듯 시대의 변화에 맞는 '더 쓸모 있는 책'을 만들겠습니다.

• 천개의마을학교-대안적 삶과 교육을 지향하는 마을학교

당신은 지금 무엇을 배우고 싶나요? 살면서 나누고 배우고 익히는 취향과 경험을 팝니다. 〈천개의마을학교〉에서는 누구에게나 학습과 출판의 기회가 있습니다. 배운 것을 나누며 만들어진 결과물을 책으로 엮어 세상에 내놓습니다.

자신만의 생각이나 이야기를 펼치고 싶은 당신.
책으로 사람들에게 전하고 싶은 아이디어나 원고를 메일(thinksmart@kakao.com)로 보내주세요.
씽크스마트는 당신의 소중한 원고를 기다리고 있습니다.

추천의 글

 반려인들의 필독서

　대한민국 반려가구 1,500만 시대. 반려인과 반려동물이 함께 사는 것이 흔한 요즘 사회에 맞추어 수많은 서적과 미디어는 '나의 소중한 강아지'를 어떻게 교육해야 하는지 앞다투어 다루기 시작했다. 하지만 아직까지 그 어떤 전문가도 다루지 않은 것이 있다. '나의 소중한 강아지를 어떻게 사랑해야 할까?'

　『사랑은 분명 강아지 모양일 거야』는 저자가 만난 강아지들을 어떻게 대하고 사랑하는지, 그리고 그들이 받은 사랑을 어떻게 돌려주는지를 다루는 책이다. 저자 특유의 진솔하고 담백한 문장은 그의 지극히 개인적이고 소중한 순간들을 독자가 공감할 수밖에 없도록 한다. 어떤 파트에서는 큰소리로 웃기도 하고, 어떤 파트에서는 뜨거운 눈물을 흘리기도 한다. 아차! 하며 이마를 치게 만드는 파트도 있는, 신기한 매력을 가진 책이다. 이 책은 반려인들에게, 반려 생활을 시작하려는 사람들에게 필독서가 되어야 하는 책이다.

동물구조단체 위액트 대표　함형선

희망을 전하는 책

저희 가족은 방치와 학대에서 구조된 개를 입양하여 함께 생활하고 있습니다. 이 아이는 단순히 버려진 존재가 아니라 사랑과 관심이 필요한 소중한 생명이라는 것을 몸소 느끼고 있습니다.

이 책은 한때 가족을 잃고 방황하던 유기견과 방치와 학대에서 구조된 구조견에 대한 따뜻한 시선과 진심 어린 마음을 가득 담았습니다. 사랑과 돌봄을 통해 아이들이 다시 행복을 찾을 수 있다는 희망을 전해줍니다. 이 책을 통해 독자 여러분이 유기·구조견에 관심을 가지길 바랍니다. 나아가 우리의 작은 변화로 그 아이들의 큰 세상을 바꿀 수 있음을, 그 아이들과 함께 만들어나가는 행복한 삶이 있음을 알게 되기를 바랍니다.

펠라 **입양가족** 김주연, 김천웅

임시보호의 궁금증을 해소할 수 있는 책

'애완동물'이라는 단어를 사용하던 시절이 있었습니다. 요즘은 '반려동물'이라는 단어를 사용합니다. 단어가 변한 만큼 사람들의 의식 수준 또한 바뀌면 참 좋을 텐데 현실은 그렇지 않습니다. 휴가철이 되면 유기 동물 수가 폭발적으로 늘어난다는 소식이 들립니다. 참으로 안타까운 일입니다.

반려동물과 함께 하는 것은 즉흥적으로 물건 사듯 결정할 사안이 아닙니다. 오랜 고민의 시간이 절대적으로 필요합니다. 경제, 환경, 시간 등의 여건이 모두 충족되어야 비로소 반려동물을 키울 수 있는 조건, 자격이 부여된다고 생각해 주시면 좋겠어요.

저자는 유기견이 새로운 가족을 찾을 때까지 임시보호를 했던 경험을 책에 고스란히 잘 녹여냈습니다. 직접 경험한 실사례들을 통해 임시보호란 이런 것이구나, 이런 애로 사항과 보람이 있겠구나, 이런 준비가 필요하구나 등 궁금증을 쉽게 해소할 수 있었습니다.

임시보호는 헤어짐(새로운 가족에게 입양)을 전제로 한 만남이기에 슬픈 만남일 수 있습니다. 하지만 이를 통해 유기견이 안락사의 위험에서 벗어날 수 있고, 나아가 새로운 가족의 품에 안길 수 있기에 슬픔쯤은 감당할 수 있고 문제가 되지 않는다는 저자의 말처럼 임시 보호가 대단한 일이 아닌 주변에서 흔히 볼 수 있는 일이 되길 바랍니다.

유기견도 다른 반려견과 똑같이 온 마음이 사랑으로 가득 찬, 사랑스러운 존재입니다. 이 책을 통해 그들을 따뜻한 시선으로 바라보는 분들이 늘어나길 소망합니다.

수의사 박근필

프롤로그

💕 4가족 중 1가족은 반려동물과 함께 살고 있는 오늘의 우리들. 평범한 부부가 특별한 강아지를 만나 함께 살기 위해 서로의 부족함을 보듬으며 서서히 가족이라는 이름을 완성해 갔습니다. 그리고 얼마 전부터 그 특별한 반려견이 연결해 준 더 특별한 길 위의 개들을 임시 보호하기 시작하며, 반려견을 입양하고 난 이후만큼이나 마냥 흘려보내고 싶지만은 않은 반짝이는 순간은 더욱 늘어났습니다. 개와 함께하며 기쁨과 슬픔 정도의 명료한 단어로 표현하기 힘든 온갖 감정이 요동칠 때마다 책상에 앉아 그 찰나의 이야기를 손 글씨 쓰듯 꾹꾹 진심을 담아 기록해 공유했습니다. 감사하게도 어떤 이는 미소를 지었다고 했고, 어떤 이는 눈물이 흘렀다는 말을 건네줬습니다. 집에서 잠시 품으며 함께 살았던 임보견 중에는 저의 글이 우연에 우연을 거쳐 가족 분들의 눈에 들어와, 바라만 봐도 애틋한 가족이 되는 소중한 매개가 되기도 했습니다.

화려하고 빠르게 움직이는 것들에 저조차 쉽게 마음을 빼앗기는 변덕쟁이지만, 순진하게도 여전히 진정성 있는 글만이 데려다줄 수 있는 더 나은 세상이 있다고 믿고 있습니다. 그러므로 지붕과 벽이 없는 곳에서 몸을 옹송그리고 있을 길 위의 개, 네 발 달린 털북숭이 가족을 맞이하려 머리를 맞댄 예비 입양인, 세상의 모든 소중한 것들의 이름으로 대신 불러도 아깝지 않은 강아지 가족을 품은 반려 가족과 다 함께 더 나은 세상에 가닿기 위해 여전히 글을 씁니다.

'임시보호'라는 말끝에 물음표를 찍는 분도, 마침표를 찍는 분도, 어쩌면 느낌표를 붙여 마무리하는 분도 계실 거예요. 그 모든 분을 위해 임시보호를 하며 경험한 것들, 맞닿은 현실, 생각과 감정들이 공중에 날아가 사라지지 않도록 단정한 글로 잘 앉혀 두었습니다. 그리고 어설픈 시도와 실수에 가까운 일도 솔직하게 남겨 두기로 했습니다. 어렴풋하게 임시보호를 인지하는 분들께, 혹은 임시보호를 해볼까 고민하는 분들께도 작지만, 현실적인 이야기로 전달되었으면 하는 큰 마음 속에 작은 부끄러움을 꼭꼭 숨겨 두었습니다.

이 책에 등장하는 달이, 라이스, 무늬, 솔이, 펠라 그리고 그들

의 친구들까지. 아이들은 태어났을 때부터 이미 누군가를 한없이 사랑하고 사랑받을 준비를 마친 것 같았습니다. 그러니 글을 읽으시는 동안만큼만이라도 모두에게 너그러운 마음을 품어주시기를 바랍니다. 책을 덮고 난 이후에도 그 마음 사그라뜨리지 않고 오래 품어 주신다면 더할 나위 없이 좋겠습니다.

차례

추천의 글 · 4
프롤로그 · 8

1. 펠라

- 외양간에 방치된 아이들 · 16
- 펠라, 우리 집에 오다 · 18
- 중고거래조차 모험이 되어버린 퍼피 임보 · 23
- 낮에 지고 밤에 이기는 강아지 · 27
- 인간과 함께 살기 위한 개의 노력은 결코 작지 않아 · 32
- 임시보호는 사랑을 싣고 · 36
- 오줌 대마왕에서 배변 천재로 · 41
- 강아지와 함께 자기 어렵지 않아요 · 47
- 알고 있니? 너의 숙면이 곧 나의 행복이야 · 51
- 너네 싸우면서 친해지는 거, 맞지? · 55
- 강아지 임시보호라니 정말 멋져요. 복 받으실 거예요 · 62
- 펠라의 평생 가족이 나타났다! · 66
- 임보 강아지의 입양 전날 · 71
- 바이바이 펠라 · 76
- 아름다운 이별, 사랑한다면 보내주세요 · 83
- 다시 임시보호를 할 수 있을까 · 86
- Tip. 임시보호 하기 전 체크해야 할 것 · 92

2. 솔이와 무늬 🩷🩷🩷

- 시작은 달콤하게 평범하게, 솔이 · 100
- 내게 가장 친한 동물을 소개해 줘서 고마워 · 106
- 시간을 달리는 막냇동생, 노견이 되다 · 112
- 솔이가 있기에 무늬가 있다 · 118
- 그럼에도, 유기견 무늬를 입양한 까닭은 · 121
- 유기견 입양 신청서 · 126
- 이름 짓다. 너를 위한 집을 짓는 마음으로 · 132
- 무늬는 우리에게나 완벽한 강아지 · 137
- 우리가 임시보호를 할 수 있을까? · 142
- **Tip. 임시보호 중 체크해야 할 것 · 148**

3. 달이 🩷🩷

- 나의 첫 번째 임시보호 강아지, 달 · 154
- 솔이는 솔이, 무늬는 무늬, 그리고 달이는 달이 · 158
- 달이와 무늬의 동거 아닌 동거 · 162
- 달이를 둘러싼 질문들 · 167
- 달이의 중성화 · 173
- 뜻밖의 엠바고, 뜻밖의 서프라이즈 (Feat. 걱정 마니아 엄마) · 176
- 너 이렇게 예뻐서 금방 좋은 가족 찾겠다 · 181
- 달이 앉아? 아니 Sit? 앉아! · 187
- 기적처럼 나타난 달이의 가족 · 192
- 달이에게 · 196
- **Tip. 임시보호견 홍보하기 · 202**

4. 라이스 🩷💙

- 한 해의 마지막 날, 라이스와 만나다 · 208
- 보호소 봉사자님의 손을 물다 · 212
- 나와 라이스와 휜 한강 작가 · 217
- 상파울루의 시간을 사는 강아지와 함께 · 222
- 분리불안, 그게 뭐죠? · 226
- 강아지 찐친 만들기 프로젝트 · 230
- 김다민이 사는 세상 · 234
- 허술한 매력이 있는 짝사랑남 라이스 · 241
- 나를 물 수 있는 강아지 · 245
- 이게 다 효리 언니 덕분이에요 · 252
- 라이스와 나의 사이는 지하 10층에 · 256
- 라이스 런, 라이스! · 260
- 오프리쉬 운동장 데뷔! 짧은 다리의 역습 · 265
- 라이스의 키다리 아저씨 여러분 · 273
- 내가 대신 사과할게 · 279
- 완벽한 라이스에게 단 하나 없는 것 · 284
- 라이스는 하면 해! 드디어 가족 품에 안기다 · 289
- 우리는 추억 속에서 기다리고 있을게 · 294

에필로그 이 개들은 다 어디에서 왔을까 · 300

1. 펠라

"아주 천천히 스며들어도 좋아."

외양간에 방치된 아이들

동물구조단체 위액트의 인스타그램에 올라온 사진과 영상은 보고도 믿을 수 없을 만큼 처참했다. 문경의 한 버려진 외양간에 갇혀 빗물과 서로의 소변을 마시며 버티고 있었던 50여 마리의 개들. 오물과 진흙에 엉켜버린 털 때문에 몸을 가누지 못하는 아이도 있었고, 무분별한 교배로 임신 중인 아이, 갓 태어난 아가들까지. 겉모습은 멀쩡해 보이지만 모기와 파리로 인해 심장사상충 등 각종 질병에 오랫동안 노출되었을지 모르는 아이들이 대다수였다. 아이들은 산모견과 자견, 건강이 좋지 않은 아이 등 급히 도움이 필요한 아이부터 순차적으로 구조되었다.

구조된 아이들 중 한 아이가 우리 집에 왔다. 아이의 이름은 '펠라'. 외양간의 아이들 중 퍼피즈 라고 불리는 개린이 라인 중 여자아이로, 5개월령으로 추정되는 3.5kg의 작은 아이였다. 사실 처음부터 펠라를 맞이할 생각은 아니었다. 퍼피즈 중 다른 여자아이를 임시보호하겠다고 신청서를 제출했는데, 그 아이는 간발의 차이로 임보처가 정해진 상태였다. 담당자는 임보가 필요한 다른 아이도 보여주셨다. 펠라, 그리고 다른 한 남자아이였다. 우리 집에는 4살령의 여자아이 '무늬'가 있는데, 부족한 내 능력으로는 그나마 무늬를 통해 얻은 경험이 동성의 아이에게 조금이라도 더 도움을 줄 수 있을 거라 생각했다.

펠라는 단체가 운영 중인 보호소에 머물고 있었다. 그곳에서 동배로 추정되는 두 남자아이와 뭉쳐 다녔다고 한다. 셋 다 겁쟁이인 데다가 사람의 말과 행동, 표정, 몸짓 등이 담고 있는 시그널을 거의 이해하지 못했다. 단체 측에서 보내주신 사진과 영상 대부분에서 펠라는 비슷한 표정이었다. 살짝 고개를 숙인 채 동공은 눈꺼풀 위쪽으로 쏠렸고 내내 여긴 어디고 나는 누구인가 하는, 그야말로 꾸준하게 어리둥절한 상태로 눈치만 보고 있는 듯했다. 평소 큰 소리 내지 않고 조용하게 사부작거리며 지내는 고양잇과의 강아지 무늬가 보듬어 줄 만한 동생이지 않을까. 더욱이 사람과 똑바로 눈을 마주치지 못하는 모습마저 무늬가 처음 우리 집에 왔을 때랑 비슷해 보였다. 겁이 많은 아이를 케어해서 사회성을 길러 주고 조금씩 천천히 세상과 마주하게 했던 무늬와의 경험이 펠라에게 도움이 될 수 있을지도 모른다는 생각에 조금 더 힘을 실었다.

펠라, 우리 집에 오다

임시보호 신청서가 통과되어 위액트 쪽에서 인터뷰 약속을 잡자는 연락이 왔다. 다른 곳도 비슷하지만 위액트의 임시보호 절차가 꼼꼼해서 통과하기 어렵다고 했는데 다행이었다. 임시보호 확정을 위한 일정이 늘어질수록 펠라에겐 좋을 게 없을 것 같아서 인터뷰를 최대한 빨리 잡았다. 인터뷰는 임시보호 업무 담당자 두 분과 나까지 셋이 있는 단체 대화방에서 진행했다.

임시보호 신청서에 적은 내용 중 부연 설명이 필요한 부분에 대한 질문 후, 우리 집 환경이 펠라에게 적합한지 가늠할 수 있는 추가 질문이 있었다. 반려견 무늬의 성향과 무늬를 반려하는 방식에 대해 꼼꼼하게 체크하는 질문도 받았다. 갑자기 변화가 생긴 반려견 무늬도 임시보호견만큼 생각해 주는 담당자의 세심한 배려를 느꼈다. 무늬가 조용하고 얌전한 성향이라 집에 임시로 머무는 강아지를 어떻게 받아들일지 나 역시 걱정하고 있었다. 기존 반려견과 임시보호견 사이에 일어날 수 있는 문제는 둘의 성향을 파악해 예상해 볼 수는 있으나 확실한 건 둘을 합사 한 뒤에야 알 수 있기에 반려견이 있는 상태에서 임시보호를 하는 건 어쩔 수 없이 모험적 요소를 띄고 있다. 문제가 일어난 뒤 그것을 감당할 수 있느냐, 혹은 감내할 수 있느냐에 대한 비교적 견고한 확신이 있어야 한다.

인터뷰를 마치고 영상 통화로 간단히 펠라가 머물 수도 있는 우리 집의 환경을 보여줘야 했다. 모르는 사람, 심지어 한 번 만난 적도 없는 사람에게 집을 보여주는 게 썩 달갑진 않았다. 그렇지만 필요한 절차임은 동의했기에 조용히 따랐다. 다행히 영상통화는 집의 모습을 훑는 수준으로 휘리릭 보여주는 거라 1~2분 남짓 걸린 것 같다. 단체 분들 역시 만나본 적 없는 사람에게 생명을 맡겨야 하는 거니, 어떻게 보면 나보다 더 염려하는 상황이 많을 것 같았다. 집안 환경 체크까지 하고 나니 한 시간 반가량이 지나 있었다.

추석 연휴가 끝나기 전날, 펠라의 임시보호자로 지정되었다는 연락이 왔다. 그리고 그다음 날 저녁 이동봉사자[1]님의 도움을 받아 펠라가 왔다. 생각보다 큰 켄넬을 건네받았다. 사진에서 본 어리둥절한 표정 그대로의 펠라는 처음 타 본 자동차의 흔들림의 고됨이 입가의 침과 토 자국으로 남아있었다. 고소하고 달콤한 냄새가 났다.

---

1 이동봉사자: 유기견, 구조견 등 도움이 필요한 동물이 병원, 임시보호처, 입양처 등으로 장소를 옮겨야 할 때 자차 혹은 반려동물이 이용 가능한 대중교통을 이용해 동물의 이동을 돕는 봉사자.

거실 바닥에 조심스럽게 켄넬을 내려놓았다. 문을 열어주었더니 고개만 빼꼼 빼보고 켄넬 밖으로 나오려 하지 않았다. 어쩔 줄 몰라 하는 나에 비해 차분한 남편이 펠라를 살살 구슬려 켄넬에서 꺼내고 조심스럽게 안았다. 펠라는 겁쟁이답게 오줌을 살짝 지렸다. 남편이 내 무릎에 펠라를 내려놓았다. 3.5kg이라 했는데 직접 안아보니 훨씬 작아서 조금만 힘을 줘도 아플 것 같았다. 펠라가 와서 허둥지둥대는 우리에 비해 반려견 무늬는 먼 곳에 엎드려서 심드렁한 얼굴로 바라보다 잠이 들었다. 우리 가족 중 가장 의젓한 녀석다웠다.

품에 안긴 펠라는 무늬 때와는 달리 의외로 의연해 보였다. 바들바들 떨거나 헥헥거리지 않았다. 생각보다 대범한 타입인가 생각하다 잠깐 방심했다. 그대로 얌전히 품에 안겨있을 줄 알았던 펠라가 갑자기 휙 점프해서 내 품에서 벗어나 거실 반대편 끝으로 달려갔다. 우리 집은 순식간에 술래잡기 분위기가 되었다. 이런 식으로 집을 소개해 주고 싶지 않았는데! 남편과 나는 펠라를 잡으려 허둥거렸지만 작고 빠른 펠라는 우리를 놀리듯 더 날렵하게 뛰어다녔다. 한참을 버둥거리다 우연히 구석으로 몰아 겨우 안아 올렸다. 처음 안았을 때와 달리 놀랐는지 작은 심장이 세차게 뛰고 있었다. 인사도 제대로 하지 못했는데 좋지 않은 첫인상을 주었을까 걱정이었다. 요 며칠 사이 너무 많은 변화를 겪었을 텐데 또 놀라게 한 것 같아 미안했다. 펠라를 위해 만들어 놓은 공간에 조심스럽게 내려놓았다. 이 공간에서만큼은 펠라가 아늑함을 느끼고 쉴 수 있도록 낮은 울타리를 쳐 놨다. 급히 구입한 푹신한 동굴 하우스도 한쪽 구석에 마련해 두었다. 목욕을 하면 좋겠지만 간단히 펫 티슈로 토사물과 침이 묻은 입 주변을 닦아주고 작고 쫀득한 발바닥도 닦아 주었다.

멀미를 한 탓에 구토를 해서 속이 휑할 것 같아 사료를 조금 주었다. 전염병 예방을 위해 약도 먹고 있는 아이여서 끼니를 거를 수 없었다. 낯선 공간인데 밥을 잘 먹을까 싶었는데 너무 잘 먹어서 놀라웠다. 건식과 습식 사료를 조금 섞어 주었는데 한 그릇을 금세 비우고 물도 찹찹거리며 마셨다. 생각보다 까다롭고 예민한 아이는 아닌 것 같았다.

펠라의 공간이 있는 거실에 매트를 깔았다. 당분간은 가족 모두 다 같이 거실에서 자기로 했다. 무늬는 쿨해도 너무 쿨했다. 마치 펠라가 보이지 않는 것처럼 익숙하게 남편의 다리 근처에 자리를 잡고 누워 금세 잠들었다. 많은 일이 있었던 오늘 하루가 고단했는지 남편의 숨소리도 나직하게 잦아들었다. 펠라는 자고 있을까? 고개를 들어 보고 싶었지만 혹시나 자고 있는데 깨울지도 몰라 움직이지 않았다. 어디선가 훅 하고 낯선 지역의 흙냄새가 날아왔다. 펠라가 가져온 향이었을까. 조만간 펠라 몸에서도 우리 가족과 비슷한 냄새가 나는 날이 왔으면 좋겠다. 시간을 두고 아주 천천히 스며들어도 좋으니.

사랑은 분명
강아지 모양일 거야

중고거래조차
모험이 되어버린
퍼피 임보

💕 망했다. 펠라가 오기로 한 약속보다 먼저 한 중고 거래 약속이 있었다. 근데 그게 하필이면 펠라가 온 다음 날 아침 9시가 될 줄이야. 남편은 출근해야 하는 날이었고 아직 반려견 무늬와 임보견 펠라는 완전히 합사[2]를 한 상태가 아니었다. 사실 펠라는 아직 내가 누군지, 여기가 어딘지 이해하지 못한 상태 같았다.

내 사정을 봐줄 리 없는 시간은 성실한 속도로 아침 9시를 향해 가고 있다. 복잡한 머릿속을 겨우 정리해 위험 요소를 떠올리며 세운 허술하고 비루한 대안을 하나씩 소거해 나갔다.

1안, 무늬와 펠라 둘만 두고 잽싸게 나갔다 온다? 우선 무늬가 펠라를 어떻게 대할지 아직 예상할 수 없었다. 여태껏 다른 강아지를 공격한 적이 한 번도 없었고 사람에 대한 입질도 전혀 없는 애라 공격성이 제로에 가까운 평화주의자 무늬지만, 둘만 있을 때 아이 안의 흑염룡이 깨어나서 포효할지 아무도 알 수 없는 노릇이었다. 그런 의미

---

2 합사: 원래는 한 울타리, 어항, 우리 등 인위적으로 조성된 특정 공간에 2개체를 함께 넣는 걸 뜻하지만 보통 임시보호를 할 때는 기존 반려견이 있는 상태에서 임보견과 반려견, 두 강아지가 집의 모든 공간을 공유하여 함께 생활하게 하는 것을 뜻한다.

에서 펠라가 어떤 성향의 아이인지 파악하지 못한 것도 마찬가지였다. 5개월 특유의 발랄함을 무늬가 성가심으로 느껴 둘 사이가 영영 틀어질지도 모를 일이었다.

2안, 무늬만 데리고 펠라를 집에 두고 다녀온다? 무늬와의 외출은 오래 입어 목이 늘어났지만 몸에 착 감기는 티셔츠처럼 편안해서 걱정할 게 없지만, 집에 혼자 남을 펠라의 상태는 어떨까. 혹여나 분리 불안이나 격리 불안이 있어서 혼자 있는 것 자체를 두려워한 나머지 짖거나 하울링을 한다면? 그것보다 더 걱정인 건 퍼피에게 우리 집이 완벽히 안전한 공간일까? 무늬가 생활하는 공간이지만 전선, 의자 다리, 휴지 등 강아지들의 간지러운 이빨과 궁합이 잘 맞는 물건을 살뜰히 치워두지 않았다. 무늬는 모든 것에 초연한, 혹은 모든 것을 무서워하는 강아지이기 때문에 혼자 있을 때 위에 언급한 물건뿐 아니라 대부분의 물건을 생전 건드리거나 깨문 적이 없었기 때문이다.

그렇다면 3안, 무늬를 집에 두고 펠라를 데리고 나갔다 온다? 이것 외에 남은 대안이라곤 '이렇게 된 이상 거래하기로 한 분을 집에 초대한다', '사정을 말하고 당일 거래를 취소하는 무개념 노매너를 시전한다' 정도였다.

펠라는 아직 전염성 질병 예방을 위한 기초 접종을 끝내지 않은 아가여서 리드줄을 한 채 땅을 직접 걷게 할 수 없었다. 그래서 무늬의 슬링백에 넣어 안고 가기로 했다. 그런데 펠라와 내겐 아직 풀지 못한 숙제가 있었다. 펠라는 내가 조금 다가가면 도망가 버리는 쫄보였고, 그래서 난 아직 펠라를 제대로 쓰다듬지도 못한 상태였다. 그리고 나는 펠라처럼 날쌔게 움직이지 못하는 매우 굼뜬 사람이었다. 둘 다 바랐을 리 없는 펠라와의 술래잡기가 시작되었다. 펠라는 설마 뛰어넘을까 싶었던 울타리를, 마치 이거보다 쉬운 게 없다는 듯 가볍게 뛰어넘고, 독창적인 루트를 만들며 나를 농락했다. 나는 땀범벅이 되어 번들거리는 얼굴을 한 채 손과 발이 따로 움직이는 장난감처럼 뚝딱거렸다. 다행히 구석에서 갈 곳을 잃은 펠라의 목줄이 손끝에 살짝 닿았고, 그 순간을 놓치지 않고 잽싸게 하지만 힘주지 않고 가볍게 잡았다.

슬링백에 넣은 펠라를 꼭 감싸 안고 집 앞으로 나갔다. 거래자분과 이야기를 나누다 펠라에 대해 말하게 되었다. 마음씨 좋은 거래자분이 펠라는 귀엽고 예쁘니 좋은 가족을 찾을 거라 말씀해 주셨다. 그 말에 나는 어딘가 부족한 사람처럼 헤헤 웃고 말았다. 마스크를 쓰고 있어서 바보 같은 미소를 조금 감출 수 있었던 게 그나마 다행이었다.

하지만 나는 정말 바보였다. 그날 오후 핸드폰에서 중고거래 앱 알림음이 들렸다. 오전에 거래한 구매자분이었다. 내가 물건의 정보를 잘못 기재한데다 안타깝게도 구매자분의 집 물건과 호환이 안

되는 것이었다. 확인해 봤더니 역시 내가 바보짓을 했다. 펠라와의 술래잡기 2차전이 벌어졌다. 1차전의 경험이 있는 펠라는 나의 공격 루트를 꿰고 있었다. 이번엔 무늬도 함께 나가야 해서 결국 약속 시간에 늦고 말았다. 그러나 오전에 펠라와 우리의 사정을 알고 계셨던 구매자분은 헛걸음하셨음에도 직접 구운 과자까지 나눠 주셨고 펠라의 입양에 대한 덕담도 다시 해주셨다. 펠라와의 술래잡기 2전 전승에다 인류애까지 풀 충전된 날이었다.

    그 후 며칠 동안 펠라를 안기 위해선 눈치 게임과 술래잡기를 해야 했다. 게임은 펠라가 오줌을 지리는 것으로 끝나곤 했다. 얼마나 무서우면 오줌을 참지 못할까. 사실 무늬도 처음 집에 왔을 때 그랬다. 미안함에 마음이 약해지곤 했다. 하지만 얼마 뒤 무늬는 눈치 게임과 술래잡기보다 댄스파티를 좋아하게 되었다. 내게 안긴 뒤 하네스를 하면 흥미진진한 모험이 기다리는 산책길에 나설 수 있다는 걸 알게 되었기 때문이다. 펠라도 댄스 신동이 될 날이 올 것이다. 어쩌면 무늬보다 조금 더 빨리 올 것 같은 예감이 들었다.

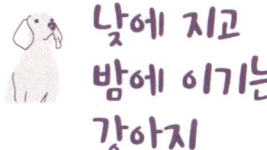 낮에 지고
밤에 이기는
강아지

펠라가 오고부터는 남편, 나, 무늬, 펠라 모두 거실에서 함께 자게 되었다. 아무래도 침대가 낯선 펠라가 자다 침대 아래로 떨어지거나 우리에게 깔리기라도 하면 크게 다칠 수도 있을 것 같았기 때문이다. 며칠간 봐온 펠라는 낮에 비해 어둑어둑해질수록 활발해졌다. 벽과 지붕이라고 말하기도 민망해서 언제 쓰러졌어도 이상하지 않아 보였던 허름한 외양간에서 태어나서 5개월을 살아낸 펠라. 어둠이 깔리면 작은 발걸음 소리, 멀리서 비췄다 사라지는 자동차의 헤드라이트처럼 작은 자극들조차 온몸을 엄습해 올 정도로 두려웠을 것이다. 주변 경계를 하느라 하루도 편히 잠들지 못했던 그 밤들을 몸과 마음이 기억하는지도 모르겠다.

둘째 날 밤, 자기 위해 작은 무드등만 켜 놓은 어두운 거실에다 함께 누웠다. 조금 뒤척이는 듯싶던 펠라가 갑자기 농구공이 튀는 것처럼 울타리 너머로 튀어나왔다. 그러고는 낮의 조용하고 얌전했던 모습과 달리, 구석구석을 쿵쿵거리며 빠르게 돌아다니기 시작했다. 나랑 남편은 무슨 소리라도 내면 펠라를 자극할까 봐 꼼짝도 못 하고 누워서 눈빛만 교환한 채 펠라를 살폈다. 펠라는 강아지용 침대에 코를 박더니 두 앞발을 마구 교차하여 비벼대며 부스럭거렸다. 거실 소파에서 점프해 뛰어 내려와서는 전속력으로 달려 주방 끝까지 다녀왔다. 현관 앞에 있는 수납장에서 물티슈와 손 소독제를 코로 쿡쿡 찔러 보다 떨어뜨리기도 했다. 그 소리에 놀란 건지 신난 건지 펄쩍 뛰어올랐다. 갑작스러운 소동에 무늬가 너무 놀란 듯했다. 남편도 이른 아침 출근을 해야 했기에 무늬와 함께 방으로 들어가도록 했다. 펠라는 그러거나 말거나 한참 하고 싶은 걸 다 하더니 새벽 1시가 넘어서야 조용해졌다. 나는 작은 소리에도 놀라 자다 깨다를 반복하며 펠라를 살펴보느라 잠을 잔 건지 꿈을 꾼 건지 몽롱한 상태로 아침을 맞았다.

셋째 날 오전, 펠라는 세상 얌전이로 돌아와 있었다. 가끔 무늬와 놀다 무늬가 낮게 으르렁거리면 놀라서 파드닥거리며 뛰어다니긴 했지만 그러려니 하고 지켜봤다. 그런데 해가 지려하니 갑자기 가슴이 뛰고 어딘가 불안해지기 시작했다. 마음 한편에 '혹시 펠라가 오늘도 우리가 잘 때 까불면 어떻게 하지?'라는 걱정이 싹트고 있었다. 남편과 그런 상황에 대해 이야기를 나눴지만 뭔가 뚜렷한 대처 방법을 마련하지 못한 상태였다. 우리의 상황을 봐줄 리 없는 밤은 제시간에 딱 맞게 찾아왔다. 잘 준비를 하느라 거실과 방, 화장실을 왔다 갔다 하는데 화장실에서 거실로 나온 남편을 본 펠라가 갑자기 짖기 시작했다. 분명 어제도 봤고 오늘도 봤고 저녁 시간도 함께 보냈는데 무서운 사람을 경계하는 듯한 짖음이었다. 가까이 와서 남편 다리 냄새를 맡더니 짖음이 점차 옅어지다 멈췄다. 가슴이 또 세게 뛰었다. 늦은 시간에 강아지 짖는 소음으로 주변에 민폐를 끼친 것 때문에, 그리고 내가 펠라가 두려워하는 걸 전혀 알지 못하고 있다는 무지에서 오는 막막함 때문에.

넷째 날 밤이 왔다. 오늘은 생각보다 펠라의 텐션이 낮았다. 배변도 점점 잘 가려서 폭풍 칭찬을 해줬고, 무늬와 사이도 점차 좋아지는 듯 보였다. 행복한 저녁이었다. 가족 모두 기분이 좋아 보였다. 왠지 자신감이 붙어 오늘 밤에는 펠라도 마음을 내려놓고 편히 자지 않을까 내심 기대도 했었다. 아니나 다를까, 펠라는 나란히 누운 우리 옆이나 머리맡에 자리를 잡고 누워 작게 달그락거리며 야크츄[3]를 씹다가 조용해졌다. 살짝 보니 편히 누워 눈을 감고 있었다.

깊은 새벽, 작은 소음에 잠이 깼다. 옆에 누운 남편이 축구를 보고 있었다. 작은 모니터로 소리를 줄이고 봤지만 바로 옆이라 그런지 소리를 듣고 깼나 보다. 몽롱한 와중에 펠라는? 하고 살피니 우리가 누워있는 곳과 조금 떨어진 곳에 누워 있었다. 잠이 깬 김에 화장실에 갔다가 아무 생각 없이 화장실에서 나오는데 아뿔싸. 펠라가 왕왕 짖으며 화장실로 뛰어왔다. 찬물을 뒤집어쓴 듯 정신이 번쩍 들었다. 새

---

3 야크츄: 야크치즈로 만든 간식. 딱딱한 질감으로 어린 강아지나 씹는 것으로 스트레스를 해소하는 개가 선호함.

벽 2시였을까, 3시였을까. 몇 시인들 무슨 상관인가. 분명한 건 이웃들이 모두 잠든 고요한 시간이라는 것이다. 뭐지? 왜 그러는 거지? "펠라야, 언니야."라고 사정하듯 말했다. 펠라는 낯선 표정을 한 채 경계성 짖음을 이어갔다. 당황해서 화장실에 다시 들어가 문을 닫았지만 펠라의 짖음은 멈추지 않았다. 남편도 놀란 나머지 다시 나와봐, 아니 다 있어봐, 펠라야? 아니 어쩌지? 얘 왜 그러지? 말하며 당황을 감추지 못했다. 거실 불을 환하게 켰다. 화장실에서 천천히 나왔다. 놀란 무늬는 소파 위에 앉아 몸을 부르르 떨고 있었다. 펠라는 내게 다가와 내 발밑에서 연신 짖었다. 옆걸음으로 걸어갔더니 종아리 냄새를 맡다가 짖다가를 반복했다. 그러다 점차 잦아들다가 멈췄다. 2~3분가량 되었던 것 같은 시간이지만 3시간보다 길었다. 손과 발에 땀이 잔뜩 나 있었다. 조심스럽게 다시 자려고 누웠고 펠라도 아무 일도 없었다는 듯 한편에 자리를 잡고 누웠다. 이게 다 무슨 일이지. 심장이 두근두근거렸다. 펠라가 또 짖을까 물어보지 못했지만 남편도 오랫동안 잠들지 못했을 것이다.

종일 새벽의 짖음 사건이 트라우마가 되어 맴돌았다. 배변 실수를 하거나 무언가를 물어뜯는 건 괜찮다. 하지만 짖는 건 공동주택에 살고 있는 우리로선 가장 피하고 싶은 일이었다. 모든 게 펠라에게 달려있었다. 우리는 아무것도 몰랐고 아무것도 할 수 없었다.

그리고 다섯째 날. 어제의 일이 꿈이었다는 듯 고요하고 평온한 밤이었다. 펠라는 내 곁에 누워 잠들고 밤새 편한 곳으로 자리를 옮겨 다닌 듯했지만 아침이 되니 다시 내 옆에 와 누웠다. 내가 몸을 뒤척이자 아는 척을 해달라는 듯 배를 보이며 기지개를 켰다. 살짝 손을 뻗어 배를 쓰다듬어 줬더니 기분 좋은 얼굴로 사랑스럽게 눈을 마주쳤다. 잠이 덜 깬 듯했지만 반짝이는 눈은 모처럼 푹 잔 아이의 눈처럼 맑고 투명해 보였다. 무늬와 남편도 우리가 부스럭거리는 걸 느끼고 조용히 일어났다. 남편이 살짝 고개를 들어 펠라를 보더니 미소를 지었다. 모처럼 우리 넷 모두 숙면을 했다. 다행히도 펠라가 외양간보다는 비와 바람을 잘 막아주는 우리 집, 여전히 못 미덥지만 그래도 친구들보다는 강해 보이는 남편, 나, 무늬가 조금은 든든하다고 느꼈나 보다.

그렇게 우리는 다섯 번째 밤 만에야 눈을 감은 채 서로의 밤을 지켜주는 사이가 되었다.

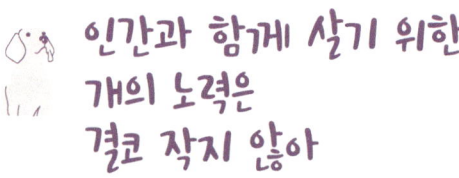
인간과 함께 살기 위한 개의 노력은 결코 작지 않아

펠라가 살던 외양간은 내딛는 곳마다 발이 푹푹 빠질 만큼 오물과 분뇨가 쌓여있었고, 모기와 파리가 득실대고 벽 틈엔 구더기가 가득했다고 한다. 그곳의 아이들은 대부분 비슷비슷한 외모와 모색을 가졌다. 갇힌 공간에서 관리 없이 일어나버린 무분별한 자가 번식 때문이다. 동물구조단체 위액트가 구조를 하러 간 날에도 며칠 전 출산한 것으로 보이는 핏덩이의 아기 강아지가 더러운 바닥에서 꼬물거리고 있었다. 만삭의 모견도 있었는데 급히 구조해 안전하고 깨끗한 환경에서 출산했으나, 태어난 아기들은 대부분 강아지 별로 급히 떠났다.

외양간의 소유주는 길에 다니는 강아지가 불쌍해 보여 데려다 몇 마리 키우기 시작한 것이 결국 50여 마리의 개가 감금된 생지옥 아수라장을 만들었다고 한다. 걷잡을 수 없어지자 외양간 문을 닫은 채 며칠에 한 번씩 와서 관리했다고 한다. 관리라는 말의 기준은 저마다 다를 수 있지만, 깨끗한 식수와 제대로 된 끼니가 제공되지 않은 비위생적인 환경은 방관과 방치란 단어가 더 어울렸다. 책임감이 결여된 동정심은 무관심보다 나쁘다.

　약 5개월간 매일매일 지옥을 닮은 그 풍경을 담았음에도 펠라의 눈은 한없이 맑고 투명하다. 첫날과 둘째 날까지는 우리 가족을 경계하고 우리 집 강아지 무늬를 두려워했지만, 일주일이 된 지금은 내게 배를 보이며 쓰다듬어 달라고 애교를 부린다. 거실에서 주방으로, 주방에서 화장실로 내가 다니는 곳마다 바쁘게 쫓아다닌다. "왜 그래, 펠라?" 하고 아는 척하면 괜히 신나서 삼각김밥 같은 짙은 검정의 세모 귀를 펄럭이며 방방 뛰어다닌다.

　이렇게 빨리 마음을 활짝 열어준 펠라를 보면 고맙지만 한편으로는 짠하다. 사람에게 상처받고 사람에게 구조되어 다시 사람과 살아야 하는 개의 얄궂은 운명. 늘 먼저 용기를 내주는 존재를 위해 내가 할 일이라곤 가만히 기다리고 지켜보다 아주 조금의 도움을 주는 일뿐이다.

　임시보호는 인간과 더불어 살아가야 할 운명을 가진 강아지의 낯섦과 두려움을 배려해 준비한 인간학 오리엔테이션이라고도 볼 수 있다. 특히 펠라처럼 인간과 함께 살아본 적 없는 아이들이 행복할 수 있도록 우리 일상의 사소한 면을 차분히 그리고 꾸준히 보여줘서 익숙해지도록 해야 한다.

그런 의미에서 펠라는 이 오리엔테이션이 준비한 커리큘럼을 훌륭히 소화하고 있는 우등생이다. 인간의 편의만을 고려하여 조성된 거주 공간에서 해도 되는 것과 하면 안 되는 것을 빠르게 습득하고 있다. 어느덧 거실에 있다 방으로 들어가서 방문을 닫아도 놀라거나 짖지 않게 되었다. 문 뒤에 공간이 있고 방금 들어간 사람이 좀 이따 똑같은 상태로 다시 나온다는 걸 인지한 것 같다. 현관문은 새로운 사람이 들어오거나 우리가 나갈 수 있는 집 밖의 연결 공간이고, 주방은 맛있는 자기 밥이 만들어지는 가장 좋은 곳, 서재와 옷방은 들어갈 수 없으니 궁금하긴 하지만 재미가 없는 곳으로 생각하나 보다. 주방에서 요리를 하면 자기 것도 아닌데 괜히 설레는 얼굴로 내 발밑 근처에 엎드려 있는다. 문득 펠라 몸이 만들어 낸 작은 곡선에서 펠라와 우리가 함께 노력해 만들어 낸 우리들만의 동그란 평화를 본다.

펠라가 배변패드에 배변을 하지 않으면 속상하다. 배변 교육을 할 때 아이가 혹 패드 바깥에 실수해도 어떠한 리액션도 하면 안 된다고 해서 꾹꾹 참긴 하지만 솔직히 조금 화도 난다. 요즘엔 이틀은 잘하다 하루는 실수한다. 임시보호를 많이 하는 친구에게 펠라의 실수에 대해 물어보았다. 펠라가 무언가 불편하거나 헷갈리는 상태인 듯하니 지정한 장소에 배변을 하면 폭풍 칭찬을 해주라고 했다. 생각해 보니 펠라로서는 참 황당하긴 할 듯하다. 하루아침에 낯선 곳에 왔는데 그것도 모자라 갑자기 웬 처음 보는 종이 쪼가리 같은 곳에 배변하라고 하니 말이다. 그런데 10번 하면 7~8번은 패드에 완벽하게 성공한다. 내가 펠라였어도 그거보다 잘했을 리 없다. 그러니 이젠 속상해하지 말자.

가장 기분이 좋은 건 펠라가 뭐든지 가리지 않고 잘 먹는다는 것이다. 무늬는 입이 짧고 음식도 많이 가려서 입양 초반에 엄청 애먹었고, 나아졌지만 여전히 잘 먹는 편은 아니다. 펠라는 무늬가 먹는 간식도 가리지 않고 다 잘 받아먹어서 함께 놀거나 짧은 교육을 할 때 함께 즐거워진다. 퍼피용 사료 1알만 있어도 앉고 일어나다니. 그리고 아침저녁으로 하루 2번 작고 예쁘고 반짝이는 갈색 조약돌 같은 변을 본다. 이것조차 기특하고 대견해서 맘 같아서는 사진을 찍어서 인스타그램에 올려 자랑하고 싶기도 하다. 반려동물 가족이 있는 사람은 잘 알겠지만, 우리 집 반려동물이 잘 먹고 배변을 잘하는 것이야말로 최고의 선물이다.

펠라는 오늘도 우리와 함께 살기 위해 조금씩 노력을 쌓아 큰 변화를 만들어 내고 있다. 그러니 배변패드에 오줌 좀 안 눈다고 일희일비하지 말자. 펠라는 온 삶을 걸고 내게 온 거니까.

임시보호는 사랑을 싣고

펠라와 함께 산 지 일주일이 조금 넘은 즈음, 우리 집에 처음으로 가족 구성원이 아닌 사람이 왔다. 첫 방문자가 된 H는 펠라를 임시보호하기로 용기를 낸 데에 큰 역할을 한 친구다. 그는 바쁜 와중에도 시간을 쪼개 꾸준히 유기견과 구조견 임시보호를 하고 있다. 경험이 많은 그에게 펠라의 거주 환경, 펠라를 대하는 나의 태도와 교육 방법에 대해 조언을 얻고 싶기도 했고 낯선 사람, 그렇지만 개에게 호의적이고 예의를 지키는 사람을 마주했을 때 펠라의 반응이 궁금하기도 해 겸사겸사 집으로 불렀다. H는 마일로와 쿠키를 반려하고 있다. 마일로는 무늬와 체구가 비슷하고 쿠키는 펠라와 비슷하다. 둘 다 밝고 명랑한데다 여러 차례 임시보호견과 함께 살아본 덕에 평소 개 친구와 잘 어울리지 못하는 무늬도 둥글게 품어주는 아이들이었다. 분명 펠라와도 잘 지낼 것 같아서 마일로와 쿠키도 함께 초대했다.

무늬와 마일로, 쿠키는 몇 차례 만난 적이 있기에 연신 꼬리를 흔들며 반가워하다 이내 서로 쫓거나 쫓기는 식으로 뛰어다니며 격하게 반가움을 나눴다. 처음 보는 사람과 개의 등장이라니. 뜻밖의 전개에 어리둥절해하던 펠라는 뒷걸음질 치더니, 내게 가까이 붙은 채 H를 향해 짖기 시작했다. 개의 습성을 잘 아는 H는 펠라의 눈을 피하고 몸을 측면으로 틀었다. 서서히 거리를 좁혀 펠라 눈높이에 맞게 앉아 펠라가 관찰할 시간을 주었다. 가까이 와 충분히 냄새를 맡으며 H의 눈치를 살피던 펠라는 점차 짖음이 잦아들었다. 안전한 듯한 H에게 흥미를 잃은 펠라는 뉴페이스인 마일로와 쿠키에게로 관심을 돌렸다. 우리 집에 누군가 와서 처음엔 놀랐지만 두고 보니 모두 위협적이지 않다고 판단한 것 같다. 잘 해냈다. 펠라, 조금 느리지만 제법 똑똑한 녀석.

H와 강아지 친구들이 와도 별문제 없이 평화로운 시간이 흘러서 그런지 펠라가 좀 더 큰 판단을 마친 듯했다. 얼마 안 가 펠라는 H가 있는 곳으로 먼저 다가와 꼬리를 살랑였다. H가 조심스럽게 손을 내밀어 목 아랫부분과 허리, 머리 순으로 펠라를 쓰다듬었다. 다른 친구를 쓰다듬어 주려 하자 펠라가 H 앞으로 바짝 다가섰다. 자신도 봐달라는 듯 고개를 들어 깜찍하게 눈을 맞추며.

H는 펠라가 처음 본 자신을 향해 짖은 건 위협을 하겠다는 의도보다, 겁이 많아서 경계하는 짖음으로 보인다고 했다. 원래 사람도 겁이 나면 주절주절 아무 말이나 하듯 겁쟁이 강아지들 역시 작은 소

음이나 변화에 헛짖음으로 응수하는 경우가 많다. 펠라에게 생활 소음을 더 자주 들려줬어야 했나, 아니면 낯선 상황에 처해도 자신을 보호하는 든든한 보호자가 있다는 믿음을 아직 주지 못했나 싶었다. 인간은 걱정덩어리가 되어가고 있으나 마일로, 쿠키, 그리고 무늬는 자연스럽게 펠라를 무리에 끼워주고 있었다. 말 한마디 없이 서로를 이해하고 받아들이는 개들의 이해심과 포용력이 부러웠다.

H는 펠라도 펠라지만 무늬의 변화에 놀라워했다. 이날 친구들이 들어올 때부터 무늬의 기운이 우렁차긴 했다. 평소보다 훨씬 적극적인 몸짓으로 친구들을 반겼고, 먼저 플레이바우[4] 자세를 취하며 함께 놀자는 시그널을 보내기도 했다. H는 무늬가 펠라와 함께 살며 개 친구와 어울리는 방법을 단련해가는 것 같다고 했다. 진짜 그런가? 했다가, 나 역시 바로 뒤 강아지들이 함께 간식을 나눠 먹을 때 확연히 달라진 무늬의 모습을 발견했다. 원래 무늬는 간식을 받아먹기 위해 쪼르륵 모여 있는 친구 무리와 거리를 두고는 뒤쪽을 배회하거나 멀찍이 서서 바라보곤 했다. 안 먹어도 그만이라 듯한 쿨함으로 위장했으나 굉장히 간절한 눈빛을 발사해서 늘 안쓰럽고 애처로워 보이던 무늬였는데, 이날 무늬는 처음으로 친구들과의 간식 먹기 경합에 너무나 적극적으로, 그리고 평화롭게 참여했다!

며칠 전부터 펠라에게 앉아, 손, 기다려 등의 교육을 하고 있었

---

4 플레이바우: 개의 몸짓 언어(Calming Signal) 중 하나로 앞가슴은 바닥에 닿을 만큼 낮추고 뒷다리는 편 채 엉덩이는 들고 꼬리는 뿌리부터 경쾌하게 흔드는 자세. 상대방에게 놀자고 보내는 시그널. 기지개 켜는 모습과 유사함.

다. 그때 보니 펠라는 무늬가 하는 걸 보고 따라 하는 듯했다. 그래서 가급적이면 둘이 함께 교육했었는데 아마 그때 무늬는 친구와 함께 간식을 나눠 먹는 게임은 무서운 게 아니라 재밌는 거라 깨달은 것 같다. 펠라에게 도움을 주는 시간이 무늬에게도 유익했을 줄이야. 소심하고 조용한 무늬의 성격을 너무나 잘 아는 H도 달라진 무늬의 모습을 바라보며 말했다.

"이게 바로 임시보호의 순기능인가 봐요."

펠라도 새로운 면을 보여줬다. 강아지 넷이 우당탕탕거리면서 노는데 펠라가 무늬 뒤쪽으로 가서 자연스럽게 자리를 잡았다. 볼 때마다 펠라는 무늬 뒤에 자리해 있었다. 잠시 소강상태에도 펠라와 무늬는 붙어 앉거나 엎드려 있었다. 둘이 있을 때는 무늬가 펠라를 귀찮아해서 적당한 거리를 두고 있곤 했는데 이날은 둘이 세상 가까운 자매같이 굴었다. 자신들도 모르게 서로를 의지하게 된 건가. 평소 자기 한 몸 챙기기도 버거운 겁쟁이 무늬가 이날만큼은 펠라의 든든한 언니 같아 보였다.

우당탕탕거리던 아이들이 하나둘 편안한 자리를 찾아 잠을 자기 시작한다. 우리가 너무 사랑하는 시간, 강아지들의 낮잠 타임이다. 널브러진 아이들이 잘 보이는 곳에 앉아 커피를 마시는 시간이 우리에게도 최고의 힐링 타임이다. 잘 때도 무늬와 펠라는 함께였다. 무늬 등에 펠라가 손을 얹고 자고 있다. 우리 목소리에 깰 리 없지만 H에게 쟤네 보라며, 죽고 못 사는 자매 같이 군다고 나직이 속삭였다.

사실 H는 2년 전, 펠라처럼 한 동물 보호 단체를 통해 구조되었던 유기견 무늬의 임시보호자였다. 무늬를 임시보호해준 것에 대한 감사한 마음을 시작으로, 점차 서로의 반려견의 안위와 행복을 염려하는 친구가 되었다. 종종 만나다 보니 반려견과 유기견, 구조견, 동물권 등 공통의 관심사가 마음을 이어주었다. 서로의 반려견들이 친한 친구가 된 것도 더할 나위 없이 좋았다. 그 후 아이들과 함께 반려견 전용 운동장도 다니고, 여행도 다녀오며 점차 인연을 쌓아가고 있다. 이번에 펠라를 임시보호하는 것으로 우리의 인연은 한 발 더 나아갔다. H의 독려와 응원 덕에 펠라를 맞이할 결심이 섰기 때문이다. 그렇게 임시보호는 사랑을 싣고 내 삶 이곳저곳에 깊게 뿌리 내렸다.

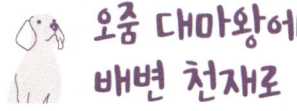 오줌 대마왕에서 배변 천재로

무늬는 강경한 실외 배변파다. 그래서 내가 출근하던 때에는 아침저녁으로 두 번 길게 산책했었고, 집에서 글을 쓰는 요즘엔 새벽, 점심, 저녁에 꼭 나가고 많을 때는 하루 4회 산책할 때도 있다. 장마철이나 태풍, 폭설 등 날이 궂을 때는 심란해진다. 어쩌다 종일 비가 올 때는 '어쩜 한 번도 안 그치고 오냐?'라며 하늘을 향해 야속함을 내비치는 나에 비해, 정작 무늬는 '인간, 우리 언제 나가? 이제 나갈 거지?'라 말하는 듯 초연한 얼굴을 하고 날 뚫어져라 바라본다.

임시보호 하숙견 펠라가 우리 집으로 오기로 한 전날. 집에 무늬가 있다 보니 웬만한 반려견 용품은 다 있었지만 배변 패드와 배변판이 없었다. 급히 배변 용품을 주문하고 이름에 맞게 로켓처럼 빨리 오기를 바랐다. 다른 준비는 착착 진행된 편이었다. 펠라가 머물 공간을 정한 뒤 반려견 놀이 매트를 깔았다. 동굴형 침대와 침대 바깥에도 누워서 쉴 수 있도록 포근한 담요를 두었다. 나머지 공간엔 장판을 새로 까는 마음으로 모두 배변 패드를 깔았다. 펠라의 공간을 배변 패드로 포위한 듯했다. 펠라, 너는 꼭 이 중 하나에 오줌을 눠야 할 거야. 그렇게 될 거라 굳게 믿었다.

늦은 저녁에 도착한 펠라는 자고 일어난 다음 날 아침, 배변 패드에 소변을 눴다. 남편과 나는 펠라에게 천재 강아지, 착한 강아지라며 폭풍 칭찬을 날렸다. 사람의 감정 표현을 낯설어하던 펠라는 '쟤네 왜 저래?'라는 듯한 얼굴로 덩실덩실거리는 우리를 힐끔 쳐다봤다. 앞서 밝혔듯 이튿날부터 펠라는 울타리를 뛰어넘어 다녔고, 밤이 깊어질수록 광란의 장난감 놀이 시간을 가졌다. 뾰족한 코로 바닥을 쓸며 거실 구석구석 냄새를 맡으며 탐색전에 돌입했다. 지금 생각해 보니 아마 그때부터 펠라는 우리가 정한 곳보다 더 좋은 위치의 화장실을 찾던 게 아니었나 싶다.

금세 쓸모를 잃은 울타리. 아이러니하게도 울타리 안의 작은 공간만 제외하고 거실 전체가 펠라의 공간으로 변했다. 혹시나 하는 마음에 울타리 안쪽에 정을 붙이라고 밥을 그 안에 줬더니 밥만 먹고 후딱 나오게 되었다. 거실이 곧 펠라의 놀이방이자, 침실이자, 식사 장소, 그리고 화장실이 되었다.

내 인생을 망치러 온 나의 구원자 강아지, 펠라.

나는 초보 임보자[5]인 데다 퍼피 케어를 해본 경험이 15년 전 본가의 강아지를 처음 거두었을 때의 까마득한 옛 기억뿐이었다. 펠라의 화장실이 된 각종 패브릭을 걷어 매일 빨래를 했다. 세탁실에 활기가 돌수록 난 점점 생기를 잃고 있었다. 난 펠라의 임보자로서 펠라가 멋진 강아지로 성장할 수 있도록 도와야 하며, 신중하고 사려 깊은 가족을 만나게 해야 했다. 그러기 위해선 펠라가 우리 집에 익숙해지는 속도에 맞춰 퍼피 교육의 진도도 함께 해나가야 한다고 생각했다. 배변 교육은 더욱 중요했다. 가볍게 넘길 일은 아닌 것 같아서 임시보호를 자주 하는 친구들과의 단체 메시지 방에 장문의 글을 남겼다.

한 친구가 집에서 강아지의 최종 배변 장소는 화장실일 때 가장 편하다는 의견을 주었다. 강아지도 독립된 공간에서 편히 볼일을 보고, 뒤처리해야 하는 보호자도 위생적이고 신속하게 마무리할 수 있다며. OK 접수! 펠라를 위해 우리 집 화장실로 가는 길에 레드카펫처럼 배변패드를 쫙 깔았다. 화려하진 않지만 가는 길 걸음걸음 폭신하도록 극세사 카펫과 비치타월을 이중으로 깔아주었다. 어떠냐 펠라. 만족하니?

펠라의 거처도 화장실과 먼 곳으로 옮겨 주었다. 울타리에 대한 집착을 버리지 못한 이유는 혹시나 펠라가 심리적 안정감을 느끼지 않을까 해서였다. 울타리에 달린 문을 열어놓고 마음대로 오고 갈

---

[5] 임보자: 임시보호자의 줄임말.

수 있게 해 줬다. 그랬더니 다행히 울타리를 뛰어넘어 다니진 않았다. 좋아하는 장난감과 노즈 워크를 넣어뒀더니 혼자 들어가서 노는 시간도 제법 늘었다. 하지만 동굴 침대는 사용하지 않았다. 펠라가 폭풍 성장을 하고 있어서 금세 작아진 것도 이유일 것이다. 왼쪽에 있는 무늬의 침대와 소파에 더 오래 머물렀다. 내 마음대로 되는 건 없었다. 아니, 펠라의 마음을 잘 모르고 있었다고 말하는 게 맞겠다. 펠라도 답답했겠다.

동그랗고 까만 눈으로 날 바라보며 내가 좋아하는 패브릭 소파에 자세를 잡고 소변을 보는 펠라. 아, 라는 탄식이 나올 사이 이미 상황은 종료되고 난 주섬주섬 챙겨 또 세탁기를 돌린다. 펠라가 집에 온 지 열흘 정도는 매일 빨래를 했다. 그새 나도 요령이 생겨서 펠라가 배변 실수를 하는 바닥의 유형을 알게 되었다. 방수형 놀이 매트만 남기고 패브릭 소재 러그와 매트는 모두 걷어 붙박이장에 봉인했다.

소거법이라고 하면 거창한 걸까. 소변을 보지 않는 위치의 배변 패드를 하나둘 치웠다. 어느덧 현관 앞 배변패드 1장만 남게 되었다. 이젠 10번 중 9번은 패드에 배변을 한다. 그곳에 배변할 때마다 상냥한 말투로 너무 잘했다고 말하며 애정의 눈빛을 쏴준 뒤 소소한 간식을 줬다. 이젠 그 장소에 배변하고 자랑스러운 눈빛으로 우릴 바라본다. 기특하고 대견한 펠라. 오줌 대마왕에서 배변 천재 강아지가 되기 위해서 필요했던 건 심플했다. 칭찬, 시간, 그리고 보호자의 기다림. 내가 초조함을 들키면 펠라는 더 크게 동요하며 불안한 나머지 배변 실수를 했던 것 같다.

그렇다고 100% 배변을 가리는 건 아니다. 여전히 미처 치우지 못한 패브릭에 실수를 한다. 드라마 같은 반전, 완벽한 성공 스토리 따위 우리에게 없어도 괜찮다. 이미 우리 일상은 충분히 행복한 드라마다. 게다가 나 역시 펠라에게 100% 좋은 임시보호자는 아니지 않나. 펠라가 날 이해해 주는 만큼 나도 펠라를, 아니 내가 더 펠라를 감싸 안아 줄 거다. 왜냐하면 펠라는 나보다 백배 천배 더 귀엽고 사랑스럽고 착하고 다정한 가족이니까.

사랑은 분명
강아지 모양일 거야

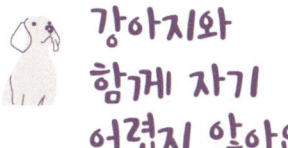
강아지와 함께 자기 어렵지 않아요

 가족 구성원: 남편, 나, 반려견 무늬, 임시보호견 펠라.

다음은 사랑하는 우리 가족이 서로 온기를 나눌 수 있는 정도로 가깝게 누워 평화롭게 잠들기 위해 서로 이해하고 배려하며 보낸 한 달간의 시간을 주별로 총 4번에 걸쳐 기록한 것이다. 과연 두 인간과 두 강아지는 한자리에 누워 새근새근 평화롭게 잠들 수 있었을까? (힌트, 네니오)

1주 차) 그럼 우리가 여예요? 남이지.

오랜만에 손님용 매트리스를 꺼냈다. 우리 집에서 5개월 아기 강아지 펠라와 함께 잘 수 있는 곳은 거실뿐이었다. 태어나서 처음으로 지옥 같은 외양간을 벗어난 데다 사람과도 처음 살게 된 펠라. 세상 만물과 낯가리는 중이었다. 밤이 되니 펠라는 작은 소리에도 놀랐다. 잘 모르는 소리니 일단 익숙한 자신의 목소리로 덮어버리려는 듯 더욱 맹렬하게 짖었다. 거실 한가운데 남편과 누웠다. 뒤척거리며 나는 소리가 펠라를 자극할까 봐 처음 누운 자세 그대로 자야 했다. 펠라는 그런 우리가 가장 잘 보이는 소파 위에 자리를 잡고 우릴 내려다 보며 잤다. 아니 자는 듯했다.

　　결론부터 말하면 사이좋게 자는 건 실패였다. 일단 불을 끄고 누웠지만 왜인지 펠라가 흥이 나기 시작했다. 다 함께 거실 취침 프로젝트의 최초 탈락자는 무늬였다. 펠라의 파닥거림이 신경 쓰여 영 잠들지 못하고 앉아서 고개도 겨우 돌릴까 말까 움직임을 최소화한 우리 부부를 원망스럽게 바라봤다. 무늬를 위해 남편과 하루씩 번갈아가며 무늬를 데리고 침실로 들어가서 잤다. 침대에 누워 거실에 설치한 웹캠으로 어둠 속에 눈만 번쩍이며 빠르게 뛰어다니는 작은 움직임을 봤다. 밤이 되면 나타나는 슈퍼히어로 펠라. 형형한 광채가 가득한 눈을 보면 X맨의 사이클롭스 같았고 슉슉 효과음이 자동으로 지원될 듯한 빠른 속도를 보면 어벤져스의 퀵실버 같았다.

　　까불다가 조용해져서 '이제 자는 거니 펠라?' 싶으면 타박타박 발소리가 난다. 바라보니 현관 쪽 배변 패드로 가서 배변을 하고 있다. 조용히 일어나서 배변 패드를 새 걸로 바꿔주고 다시 눕는다. 정신이 맑아지고 겨우 온 잠이 다 달아난다. 새벽 1시. 나에겐 내일이 온 지 한 시간이나 지났는데 펠라는 아직 어젯밤에 머문 것 같았다. 같은 시공간에 있는 게 아닌 걸지 모른다는 생각이 드니 펠라와 우린 정말 남이구나 싶었다. 우리, 이대로 괜찮을까?

2주 차) 펠라는 밤이 좋아

밤이 되면 펠라가 왕이다. 낮에 억눌러놨던 기운을 방출하듯 펠라는 광란의 밤을 보낸다. 거실과 연결된 주방의 끝까지 전속력으로 내달린다. 그곳에서 궁금했던 것들의 냄새를 꼼꼼히 맡는다. 그러다 작은 물건을 떨어뜨리기도 하면 깜짝 놀라는 듯하지만 그마저도 즐거운지 신나게 뛰어 반대편으로 뛰어간다. 가끔씩 다가와 누워서 어쩔 줄 모르지만 의연한 척 중인 나와 남편의 머리카락 냄새를 맡는다. "꺅" 소리만 지르지 않았을 뿐 놀이동산 야간개장에 와서 이리저리 뛰어다니며 신나게 노는 아이를 닮았다.

어느 날엔 어둠 속에서 자기 몸집만큼 커다랗고 바스락 소리가 요란하게 나는 걸 물고 뜯고 있었다. '저게 뭐지?' 하고 어둠을 응시하니 익숙한 장난감이다. 펠라가 가지고 놀기 크고 시끄러워서 장난감 함 안에 넣어둔 건데, 켄넬을 밟고 올라가 꺼낸 듯했다. 일어나서 다른 장난감을 줬다. 펠라가 무얼 하든 반응을 보이지 않으려고 침착하게 행동하려 하다 보니 이럴 수가. 그 어느 때보다 정신이 맑아졌다. 어떡해, 벌써 12시네.

여전히 남편과 교대로 침실에서 잤다. 내일이 있는 우릴 위해서이기도 하지만 예민한 무늬를 위해서가 크다. 아침에 방에서 나온 가족을 향해 거실에 있던 펠라가 짖었다. 아마 놀라서 그런 것 같았다.

처음엔 너무 당황했지만 곧 요령이 생겼다. 안방에서 자는 사람이 일어나서 거실에 있는 사람에게 전화를 한다. 거실에서 자는 사람은 펠라를 안아 올린다. 최대한 소리 없이 침실 문을 열고 무늬가 먼저 나오고 그 뒤 사람이 천천히 나온다. 그렇게 나오면 펠라가 한두 번 짖고 멈춘다. 방과 방, 거실과 화장실 개념이 있을 리 없는 펠라에게 막힌 공간인 줄 알았던 곳이 열리는 것도 무서운데, 심지어 그곳에서 불쑥 누군가 나타나면 놀라는 게 당연한 일이라는 걸 늦었지만 알게 되었다.

그래도 고무적인 건 이젠 누워있는 우리 언저리에 자리를 잡고 누워 잔다는 사실. 더 가까이와도 되는데 손을 뻗어 겨우 만질 수 있는 정도의 위치. 그게 지금 우리와 펠라의 심리적 거리일까. 아침에 일어나서 힘겹게 뜬 눈을 마주치기도 한다. 기분이 좋을 땐 가까이 다가와서 쓰다듬어 달라고도 한다. 펠라 식의 아침 인사는 따뜻하고 다정하다. 가볍고 부드럽게 머리부터 등, 분홍색 배를 쓰다듬는다. 우리가 펠라의 촉감을 느끼며 서서히 익숙해지듯 펠라도 우리의 손길을 차곡차곡 쌓아가며 처음의 어색함을 지워가길 바란다.

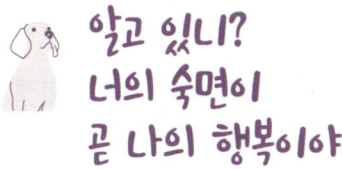

 3주 차) 펠라의 진도 빼기에 기쁘게 당해버린 우리 셋

　3차 접종을 마치고부터 펠라와 가볍게 산책을 할 수 있게 되었다. 무늬의 아침, 점심, 저녁 산책길에 자연스럽게 펠라도 합류했다. 집 근처 산책로에서 연습한 뒤 리드줄에 익숙해질 무렵부터는 차로 10분 거리에 있는 공원에도 갔다. 흥미로운 풀과 낯선 흙냄새를 잔뜩 맡고 숨이 찰 때까지 뛰어놀았다. 산책에 힘을 써서 그런지 집에 온 펠라는 느긋하게 휴식을 취하는 시간이 늘어났다. 자신만의 아늑한 스폿도 집 안 여러 군데 찾아 편하게 늘어져 낮잠을 잤다. 밤이 되어서도 잠들기 전 혼자만 신나게 놀던 시간이 점점 줄어들었다.

　무늬와 펠라가 집에서 투닥거리며 노는 시간이 늘어난 것도 숙면으로 가는 길목이었나 보다. 펠라에게 무관심했던 무늬도 점차 펠라를 가족으로 받아들이는 듯 펠라의 장난에 장단을 맞춰 주었다. 둘 사이가 가까워질수록 무늬의 행동 이모저모를 펠라가 유심히 살펴볼 때가 많았다. 우리와 한 자리에 누워서도 잘 자고, 조금 떨어진 자리에서도 잘 자는 무늬의 잠버릇을 펠라가 받아들이는 듯했다. 거실에 누운 나와 남편의 옆으로 와 누워서 자기 시작했다. 새벽에 깨서 보면 펠라는 조금 더 편하게 자고 싶어 그런지 약간 떨어진 곳에서 대자로 뻗어 자고 있었다. 어느 날 새벽, 도롱도롱거리는 소리가 났다. 가만히 들어보니 펠라의 작고 까만 코에 숨이 드나드는 소리였다. 펠라가 나지막이 코 고는 소리에 맞춰 숨을 쉬어 보다 잠들었다.

3주 차부터는 아침에 일어나면 분홍 혓바닥을 이용해 나와 남편의 턱과 입술을 열정적으로 핥아 주었다. 눈 뜨자마자 습기 가득한 모닝 뽀뽀 세례라니. 펠라의 리드가 조금 빨라 본의 아니게 우리의 진도가 급속도로 전개되었지만, 우리가 할 수 있는 일이라곤 매일 아침 배시시 웃으며 펠라의 뽀뽀를 받아내는 것뿐이었다.

4주 차) 이제 우리의 새벽은 낮보다 행복하다!

누워있는 우리의 다리 쪽에 누워 자는 걸 좋아하는 무늬를 본 건지, 펠라는 우리의 머리맡에 자리를 잡고 자게 되었다. 똑똑한 아이답게 본 건 있어가지고 하루는 내 베개를, 하루는 남편의 베개를 베고 잠들었다. 어느 날엔 조용히 다가와 나와 남편 머리 사이 공간에 슬며시 누웠다. 테트리스 게임에서 딱 맞는 블록이 제자리를 찾듯, 좁을 줄 알았던 그 공간에 펠라가 누우니 딱 맞았다. 펠라에게 너무너무 잘했다고 칭찬을 가득 담은 손길로 쓰다듬어 주었다. 그럴 때마다 펠라는 당연한 일이라는 듯 지그시 눈을 감고 잠들었다.

새벽에 보면 무늬와 펠라 모두 우리가 누운 곳에서 두세 걸음 떨어져 있는 소파나 반려견용 침대에 누워서 자고 있기도 했다. 하지만 아침에 일어나 보면 어느 새 우리 주변에 와 누워 있었다. 어느 날엔 밤새 우리와 함께 누워 한 자리에서 계속 자기도 한다. 강아지의 체온은 사람보다 조금 높다. 새벽 기온이 떨어진 요즘엔 펠라와 무늬의 온기가 더욱 선명해졌다. 아이들은 우리의 다리나 옆구리 같은 곳에 슬며시 등을 기대고 누웠고, 우린 아이들의 체온에 기대 따스함을 채웠다.

서로의 숨을 맞추고 체온을 나눠가며 우리들만의 고요한 밤을 만들어 갔다. 펠라, 그리고 우리의 제각각 똑딱이던 시계가 어느덧 정각이 맞아가기 시작했다. 아니, 펠라가 기꺼이 자신의 시계 시침과 분침을 돌려 우리 시계에 맞춰줬다고 해야 옳을 것이다. 무늬와 펠라는 늘 우리를 기다리고 있다. 아침에 먼저 깨어 있어도 가만히 누워 있다가 우리가 일어난 것 같으면 그제야 아는 척하며 다가와 뽀뽀를 한다. 밥을 먹을 때도 칭얼거리긴 하지만 줄 때까지 참아준다. 집에 두고 외출하면 자거나 노는 것 같지만 결국 내가 올 때까지 시간을 보내는 것뿐이다. 나처럼 누군가를 기다리며 핸드폰을 만지작거릴 수 없으니, 반려견은 보호자를 기다리는 시간으로 일상을 채울 뿐이다.

공간과 시간을 합치고 나니 펠라와 더욱 가까워진 기분이다. 한편으로는 언젠가 평생 가족을 만나러 갈 펠라를 생각하며 가족처럼 익숙해진 우리 관계의 필연적인 헤어짐이 떠올라 코끝이 찡해진다. 그래도 좋다. 지금의 시간이 훗날 펠라가 평생 가족과 발맞춰 갈 때 편안하게 그들의 삶에 스며드는 데 조금이나마 도움이 된다면야.

# 너네 싸우면서
친해지는 거,
맞지?

최근 종이 가구에 관심이 생겨서 현관 옆에 놓을 작은 테이블을 종이 가구로 살까 말까 고민 중이었다. 그걸 안 지인이 집에 무늬가 있는데 종이 가구가 얼마나 가겠냐 걱정했다. 이미 원목 책장, 흰색 몰딩, 각종 전선이 모두 다 살아남은 집이라 걱정 없었다. 역시나 무늬는 종이 가구 따위 관심 없었고, 혹여나 제 몸에 닿을까 가벼운 걸음으로 조심스럽게 피해 다녔다. 무늬는 거실 바닥에 떨어진 휴지 한 장조차 밟지 않는다. 길에서 살며 배운 최고의 생존 스킬인 조심성이 오래 남아 있나 보다.

무늬는 보호소에 들어왔을 때 이미 성견이었다. 몸보다 마음이 더 먼저 자란 어른 아이였다. 엄마와 자매견이 함께 입소했다고 전해 듣긴 했지만, 셋이 어울려 다녔는지 따로 다녔는지는 무늬가 말해주지 않는 한 영원히 알 수 없다. 입양 초기 무늬는 사람의 시그널은 당연하고 개들 간의 시그널도 잘 알지 못했다. 사회화가 거의 이루어지지 않은 상태였다. 그럼에도 공격성이 없어서 입질을 한다거나 다른 사람과 강아지를 위협하지 않았다. 반려견 운동장에서 만난 친구에게 괴롭힘을 당하면 당했지 먼저 공격을 한 적도 없었다. 무늬가 조금 더 편하고 행복했으면 하는 마음에 사회성을 기르고자 1:1 강아지 클래스도 다녀보고 공부도 했다. 많은 노력으로 무늬의 사회성은 점차 나아졌지만, 여전히 다른 개나 사람과 발랄하게 어울리는 편은 아니다. 그러고 보면 무늬의 원래 성격이 조용하고 혼자 있는 걸 좋아하는 것 같다는 생각도 든다.

극 내향형의 무늬가 사는 집에 펠라가 왔다. 펠라는 외양간에서 여러 개와 대가족을 이루어 살았다. 다른 건 몰라도 그곳에서 개들 간의 시그널을 파악할 경험이 많았을 것이다. 그래서 그런지 처음 집에 왔을 때부터 펠라는 자기보다 2배나 크고 의젓한 무늬를 곧잘 따랐다. 무늬가 앉아, 엎드려, 손 등의 개인기를 하며 간식을 먹자 가만히 보더니 곧바로 따라 했다. 무늬가 편히 쉬는 곳, 물 마시는 곳, 밥 먹는 곳을 꼭 함께 쓰려했다. 무늬는 소유욕이 없는 개라 사이좋게 공유했다. 무늬를 데리고 짧게 낮 산책을 다녀올 때 집에 남은 펠라가 안절부절못해했다. 나와 떨어져서 두려운가 했지만 지금 생각해 보면 무늬와 떨어져서 그랬던 것 같다.

산책할 때도 펠라는 무늬 곁에 찰싹 달라붙거나 무늬의 엉덩이에 코가 닿을 듯 바짝 붙어서 따라 걸었다. 너무 붙어서 하마터면 무늬의 소변이 펠라 얼굴에 묻을 뻔한 적도 있다. 묻거나 말거나 펠라는 좋다고 따라간다. 무늬는 오랫동안 단독으로 산책을 해온 아이라 그런지 그런 펠라를 조금 귀찮아하거나 무관심으로 일관한다. 하지만 펠라는 단독 산책을 할 때 자꾸 집 출입구를 쳐다본다. 무늬 언니가 나오기를 기다리는 걸까. 무늬에게 애정을 잔뜩 줘버린 이 작은 강아지의 마음은 무엇일까. 개들 간의 조건 없는 다정함이 손에 잡힐 듯 선명하게 보여 자꾸만 이 착한 아이들에게 있는 힘껏 잘해주고 싶어진다.

조금 지나니 둘이 투닥거리는 시간이 늘었다. 처음엔 간식을 먹기 전, 혹은 우리가 외출했다 돌아왔을 때 신나서 방방 뛰는 무늬를 역시나 펠라가 따라 했다. 생각보다 경쾌한 펠라의 움직임에 무늬가 움찔하기도 했다. 잠자는 시간, 매트리스와 이불을 깔면 그 위에 올라와 신나게 뛰는 무늬를 보고 펠라가 또 따라 했다. 우리는 신난 강아지 둘을 보며 엄마 아빠 미소를 지었는데, 무늬는 '엥?' 하는 표정으로 자기처럼 뛰는 펠라를 쳐다봤다.

펠라가 신나서 까부는 무늬의 행동을 따라 하거나 동조하면서 둘이 함께 까불기 시작했다. 함께 거실을 뛰어다니며 장난을 쳤다. 엉덩이는 든 채 상체만 낮춰 플레이바우 자세를 취하거나 서로 입을 벌려 고개를 좌우로 움직였다. 까불이 펠라가 팔딱거리면 무늬가 작게 '으르렁!' 거리기도 했는데, 신나서 그럴 수도 있다는 걸 책에서 보기도 했고 펠라가 별로 개의치 않아 해서 그냥 두었다. 며칠 뒤엔 무늬의 으르렁에 펠라가 켕! 하는 소리로 응수했다. 무늬는 잠시 놀랐지만 더 크게 으르렁거리다 웡! 하고 짖었다. 으르렁, 켕, 웡, 다시 으르렁이 반복되며 분위기가 고조되는 듯했다. 너희들 싸우는 거 아니지?

"얘들아, 그만해."

주로 소파 위에서 투닥거리는 두 아이 사이에 앉아서 아이들을 향해 양손을 뻗었다. 마치 이종격투기 경기장의 심판처럼 엉켜있던 두 선수를 떼어놓고 흥분을 가라앉힌다. 노는 건가 싸우는 건가 확신이 없었다. 그렇지만 아이들이 헷갈리지 않게 비슷한 상황에서 일관되게 행동하려 노력했다.

"아, 저거 노는 거예요."

언젠가 투닥거리는 마일로와 쿠키를 보고 내가 "H야! 쟤네 쟤네. 저거 말려야 하는 거 아냐?"라고 다급히 말하자, 평온한 목소리로 H가 한 말이 생각났다. 마일로와 쿠키는 어디서나 자주 투닥거리며 놀았다. 둘을 보고 나는 몇 번인가 "어? 쟤네!" 하고 외쳤다. 싸우나 싶어 개입해야 하지 않나? H를 보면 H는 늘 "저거 노는 거예요."라고 말하고, 가끔 놀이로 앙앙 깨물 거리다 실수로 세게 물어서 물린 아이가 화가 났거나 손짓 발짓의 강도가 심해서 맞는 아이가 아프지 않나 관찰하다 개입하면 된다고 했다. 그러고 보니 한참 투닥거리던 마일로와 쿠키는 어느새 서로 몸을 포개고 누워 사이좋게 자고 있곤 했다. 산책할 때도 꼭 나란히 걷고 냄새를 맡느라 늦어지는 한 친구를 위해 가만히 기다려 주었다. 싸운 거라면 저렇게 둘도 없는 형제처럼 굴지는 않겠지 싶었다.

펠라가 우리 집에 온 지 어언 한 달. 이젠 무늬와 펠라 둘만 집에 두고 짧게 외출도 할 수 있게 되었다. 우리가 있을 땐 싸우는지 노는지 모르겠을 정도로 과격하게 투닥거리더니, 둘만 있을 땐 웹캠으로 보면 각자 편한 곳에서 쿨쿨 자고 있다. 최근엔 둘이 다정하게 함께 하는 순간도 생겼다. 거실에 해가 가장 길게 들어오는 정오, 따뜻한 창가 소파 자리에 나란히 누워 낮잠을 잔다. 환기할 때 찬바람이 들어와 추울까 봐 담요를 덮어주니 둘이 사이좋게 덮고 잔다. '언니, 쟤는 왜 밤에도 자기 집에 안 가?'라고 묻는 듯한 얼굴로 펠라가 한 집에서 먹고 자는 걸 이해하지 못하는 듯했던 무늬도 이제는 펠라가 함께 사는 가족이라는 걸 알게 된 걸까. 둘이 포개져서 자는 모습은 봐도 봐도 질리지 않는다. 내가 움직이면 둘의 평화로운 무드가 깨질까 싶어 화장실도 가지 않고 꽤 오래 참기도 했다.

임시보호를 할 때 임시보호자와 임보견과의 관계 형성만큼 동거견과 임보견의 관계 또한 중요하다. 조용하고 독립적인 무늬가 펠라를 받아들여 준 건 두 아이의 다정한 성품 덕이 크다. 물론 보호자가 둘 사이에 적절히 개입하고 조율해 주는 것도 필요하다. 내가 가장 중요하게 생각한 것은, 같은 상황에 동일한 반응을 보이는 것이다. 보호자의 일관성으로 우리 집의 규칙을 표현해야 한다. 개가 그릇된 행동을 할 때 섣불리 다가가 안거나 쓰다듬기, 혹은 이름을 부르는 리액션을 하면 개는 해당 행동을 잘해서 칭찬해 준다고 오해할 수 있으니 조심해야 한다. 그리고 나의 감정을 드러내지 않으려 노력했다. 욱하고 화가 올라오려 할 때면 속으로 '나는 개를 보호하는 임무를 수행하는 AI다.'라는 자기 암시를 건 적도 있다. 암시가 효과 있기보단 그렇게까지 생각해야 하나 싶어 '픽' 하고 웃음이 나와서 욱하던 마음이 잦아들었다. 펠라가 좋은 가족을 찾을 때까지 무늬와 펠라가 다정한 친구가 되어 지금처럼 귀엽고 사랑스러운 관계로 지내길 바란다. 그러기 위해선 나만 잘하면 되지 싶다.

1. 펠라

 **강아지 임시보호라니
정말 멋져요.
복 받으실 거예요**

💕 무늬와 펠라를 데리고 집 근처 공원에 갔다. 무슨 용기가 생겼는지 왠지 둘을 함께 산책시킬 수 있을 것 같아서였다. 남편과 넷이 함께 왔던 경험도 여러 차례라서 '남편만 없을 뿐 모든 건 그때와 똑같아.'라 생각하며 도전했다. 하지만 방심은 금물! 무늬의 하네스와 리드줄이 단단하게 매져 있는지 계속 확인했고 펠라는 하네스와 목줄을 이중으로 채웠다.

하지만 현실은 냉혹했다. 머릿속으로 끝낸 시뮬레이션에선 분명 무늬와 펠라, 내가 삼각 편대를 형성하며 기가 막힌 팀워크를 발휘했는데, 현실에선 모든 것이 쉽지 않았다. 두 강아지의 리드줄이 교차하며 내 몸을 칭칭 감아 묶어서 넘어질 뻔했다. 의도하지 않았는데 리드줄로 소싯적 걸 스카우트할 때 실습했던 것보다 더 강한 매듭을 만들기도 했다. 무늬가 무언가에 겁을 먹고 왼쪽으로 달려가려고 하면 펠라는 갑자기 날아오른 까치를 쫓으려 오른쪽으로 달려갔다. 왼쪽 오른쪽 손이 양쪽으로 벌어졌다. 능지처참 초반의 기분을 체험했다고 말하면 과장이겠지만, 겨드랑이가 조금 찢어지는 느낌은 들었다. 아이들의 산책을 마치려 하니 고작 10분가량 지나 있었다. 이마에 땀이 송골송골 맺혔고 손바닥도 흥건했다. 어느덧 산책이 아니라 생존이 되었다. 다행히 아무도 다치지 않고 무사히 산책을 마무리하고 왔다는 안도감을 느끼며 주차장에 들어설 때였다.

"어머, 두 아이를 데리고 산책을 하시다니 너무 멋지시네요."

누군가 땀이 식고 있어 서늘해지고 있는 내 등에 대고 말했다. 돌아보니 우리 엄마뻘 되는 어르신이었다. 시선을 낮춰 펠라와 무늬를 번갈아 바라보시며 밝게 웃으셨다. 애들이 너무 착하고 예쁘다며(아까 산책할 때 제각각 다른 방향으로 튀어나가던 해맑은 모습을 못 보신 것 같다.) 칭찬해 주셨다. 당신의 댁에는 다 큰 리트리버 아이가 있는데 힘이 무척 세서 산책할 때마다 끌려다니지 않으려 애를 쓰신다고 하셨다. 기운 센 귀여운 인절미 아이를 상상했다. 문득 무늬와 펠라의 현재 상황에 대해 말하고 싶어졌다. 그렇게 하면 무늬와 펠라를 서툴게 컨트롤하는 내 모습에 대한 변명이 될 것 같아서이기도 했다.

"사실 (펠라를 보여드리며) 이 아이는 동물보호단체에서 구조한 구조견인데 잠시 임시보호 중이에요. 좋은 가족을 만나서 입양 갈 때까지 데리고 있어요."

아차 싶었다. 어르신들은 임시보호라는 개념에 대해 잘 모르실 텐데. 그게 뭐냐고 여쭈어보시면 어떻게 조리 있게 설명해 드리지 싶어 머릿속이 복잡해지려는 찰나.

"임보라니 정말 좋은 일 하시네요."
"……?"
"아이가 예뻐서 금방 가족을 찾겠는데요? 어머나. 너무너무 복 받으실 거예요."
"…??????"

전혀 예상하지 못했던 대화로 인해 감사하다는 말도 드리지 못했다. 머뭇거리는 나를 두고 어르신은 하실 말씀을 다 마치셨는지 호호호 웃음을 날리며 가던 길을 재촉하셨다. 임시보호를 임보로 줄여서 말씀하신 것부터 감동인 데다 오가며 처음 만난 사람에게 부담스럽지 않게 적당히 자애롭고 따스하게 격려하시는 태도라니. 이런 게 어른의 품격인 걸까. 잠시 아득한 남쪽 나라의 따스한 햇살 아래 있는 기분으로 멍해 있었다.

오늘의 운세를 봤다면 '공원에서 귀인을 만난다.' 쯤이었으려나. 방금 산책하며 느꼈던 고생뿐 아니라 지금까지 무늬와 펠라를 반려하며 녹록지 않았던 모든 순간이 어르신의 말씀 한마디로 보상받는 듯했다. 진심이 담긴 따뜻한 말 한마디의 힘이 이래서 세구나 싶었다. 물론 단언컨대 누군가의 인정과 칭찬을 바라고 시작한 임시보호는 아니었다. 그저 나와 같은 마음을 가진 사람이 있음을, 누군가의 공감이 주는 위안 덕에 더 씩씩하고 단단해질 수 있었다. 그리고 확신했다. 우리 가족은 생각보다 훨씬 멋진 시간을 보내고 있으며, 무늬와 펠라는 세상 무엇보다 소중한 존재임을. 펠라와 함께하는 동안 지금보다 더 열심히 최선을 다해 행복해지기로 했다.

펠라의 평생 가족이 나타났다!

💕 반려견 무늬와 임보견 펠라와 내 일상을 함께 돌보는 게 쉽지만은 않았다. 능력에 비해 욕심이 많아서였을지도 모르지만 주 2회 가던 운동도 잠시 멈췄고, 지인과의 만남도 되도록 미뤘다. 너무 하나 싶다가도 서로의 다름을 인정하면서 성장하는 무늬와 펠라의 모습에 뿌듯했고, 아이들이 찾아낸 질서 덕에 나와 남편의 삶 또한 느리지만 아름다운 균형을 찾아가고 있었다.

가을 냄새가 실린 아침이었다. 어느덧 두 아이의 새벽 산책을 한 뒤 허둥대지 않고 출근할 수 있는 적당한 기상 시간을 찾아낸 덕에, 남편의 움직임에 경쾌한 리듬이 생긴 참이었다. 남편의 출근을 배웅한 무늬와 펠라는 거실 소파에 편하게 자리 잡고 쪽잠을 잔다. 나 또한 좋아하는 소파에 앉아 잠시 숨을 돌린다. 펠라와 무늬의 인스타그램 DM과 댓글을 확인하고, 페이스북으로 기사를 잠시 보고. 자주 들어가는 커뮤니티의 인기 게시 글을 읽고 나면 아이들이 기지개를 켜며 슬슬 배고픈 듯한 표정으로 눈을 껌뻑이며 나를 찾는 시간이다.

살며시 방에서 나와 주방으로 간다. 이젠 내가 같은 공간에 있든지 없든지 둘이 잘 있다. 나도 레시피가 다른 두 아이의 아침밥을 능숙하게 만들 수 있게 되었다. 펠라는 하우스 훈련을 위해 켄넬에서 먹고, 무늬는 좋아하는 자리에서 먹는다. 이제는 서로의 밥에 관심을 두지 않게 되었기에 평화로운 아침 식사를 하게 되었다. 깨끗하게 비운 아이들의 밥그릇을 보며 흐뭇한 웃음을 지어본다. 그릇을 치우고 나 역시 오늘 하루를 힘차게 보낸다는 명목하에 든든하게 아침을 먹는다. 배가 부르니 몸을 움직일 시간이다. 창문을 열고, 소파와 쿠션, 이런저런 패브릭을 턴다. 아이들의 털은 모서리와 테이블 아래 특히 잘 모인다는 걸 알고 있다. 그런 곳을 신경 써가며 청소기를 돌리고, 편백수를 뿌려 가며 물걸레질을 한다.

점심 산책 시간이다. 처음엔 두 아이의 리드줄에 걸려 넘어질 뻔하기도 했지만 어느덧 제법 능숙하게 펠라와 무늬 둘을 컨트롤할 수 있게 되었다. 한 손으로는 펠라를 안고 다른 한 손으로는 무늬의 리드줄을 잡고 집을 나선다. 점심 산책은 집 바로 앞 작은 잔디 정원이다. 두 아이가 편안하게 산책하기 위해 그 공간이 거짓말처럼 조용해지는 시간도 찾았다. 유치원과 어린이집 아이들이 등원을 위해 차에 타는 시간을 피하면서 초등학교 저학년 아이들이 하교하기 전이 그 순간이다. 무사히 산책을 마치고 집에 올라와 아이들 발을 씻기고 차를 한 잔 마신다. 여유롭다.

'딩동!'

오랜만에 임시보호 담당자에게 메시지가 왔다. 심장이 두근두근거렸다.

"펠라 엄마를 찾은 것 같아요. 인터뷰를 했는데 너무너무 좋은 분이셨어요!"

펠라의 임시보호를 시작할 때부터 줄곧 염원하던 일인데도 기분이 묘했다. 점심 산책이 마음에 들었던지 어느 때보다 만족스러운 얼굴로 편히 자는 펠라를 바라봤다. 작은 소리에도 눈을 번쩍 뜨고 짖던 아이였는데 이젠 내가 돌아다녀도 잠에서 깨지 않을 정도로 긴장과 경계가 사라졌다. 새로운 집에 가서 한 번 더 적응해야 할 펠라의 수고스러움을 생각하니 안쓰러웠다. 하지만 그곳이 평생 집이 되면 마지막 한 번의 적응기일 테니 오히려 임보집을 빨리 떠나는 게 더 나은 거 아닌가 생각도 들었다. 우리 집에서도 멋지게 해 냈으니 분명 더 빠르고 능숙하게 해낼 것 같기도 했다.

앞으로의 입양 절차는 이렇다. 인터뷰를 진행한 분이 입양 신청자로 확정되면 펠라를 집으로 데려간 뒤 3주간의 트라이얼 기간을 거치며 단체에서 제시하는 미션을 수행한다. 실전에서 아이를 잘 돌볼 수 있는지 여러 가지를 체크한 뒤 적합한 가정이라 판단되면 최종 입양 가정으로 확정된다.

　　우리와 펠라의 이별이자 펠라와 평생 가족의 만남. 만남과 이별이지만 목적만큼은 '펠라의 행복'으로 똑같은 다소 신기한 두 카운트다운이 동시에 시작했다. 이별과 만남이 맞닿아있는 임시보호의 모순을 충분히 이해하고 있었지만, 막상 닥치니 마음이 그야말로 마음대로 요동쳤다. 펠라와 함께 할 수 있는 시간을 어떻게 보낼지에 대해 남편과 이야기를 나눴다. 유난스럽지 않지만 따뜻하게 보낼 수 있는 시간을 계획했다. 그렇게 우리는 아름다운 이별을 향해, 펠라는 소중한 만남을 향해 걷기 시작했다.

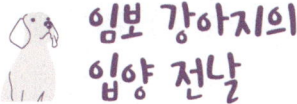
임보 강아지의 입양 전날

펠라와의 마지막 날, 펠라와 촘촘한 하루를 보내기 위해 남편은 아껴 두었던 휴가를 썼다. 특별한 일을 하거나 멀리 다녀오면 펠라의 컨디션에 영향을 줄 수 있음을 고려해 일정을 짰다. 평소 우리가 무늬와 다니며 좋아했던 도심을 벗어난 곳의 호젓한 산책 장소와 브런치 카페를 다녀오는 것이었다. 남편은 아침부터 외출 준비를 하며 "아직 실감이 안 나."라는 말을 몇 번이나 했다. 그럴수록 나는 더 씩씩하고 즐겁게 보이려 애쓴 것 같다. 한 번 눈물이 터지면 눈가가 짓무를 때까지 멈추지 않는 편이라, 자꾸만 '까꿍'하고 나올 것만 같은 울음을 꾹꾹 눌러 담아 가슴 깊숙이 넣어 두었다.

짐짓 어른스러운 말투로 포장해 남편에게 말했다. 실은 스스로에게 하는 말이기도 했다.

"우리가 슬플 필요가 없잖아. 우리는 펠라가 가족을 찾기 위해 최선을 다했고, 결국 펠라는 좋은 가족을 만나는 거고."

그리고 "얼마나 다행이야. 슬픔은 우리 인간의 몫이잖아. 펠라는 아무것도 몰라야 해."라며 괜히 남편도 다 알 이야기에 감내해야 할 내 슬픔의 몫을 슬쩍 얹었다. 이런 이야기 위에 울적함을 태워 공중에 날려 보낼 수 있는 동지가 있어 다행이었다.

평일이라 만만하게 봤는데 도심을 벗어나는 길이 제법 막혔다. 너무 길지 않게 외출을 하고 저녁이 되기 전에는 집에 돌아가 펠라와 느긋하게 쉬는 시간을 보낼 생각이었다. 계획했던 곳보다 가까운 곳으로 차를 돌렸다. 언젠가 '그때 무리해서라도 펠라랑 우리가 좋아하는 공원에 가서 함께 억새를 봤어야 했는데.'라는 생각이 들겠지 싶었지만 내려놓았다. 슬픔에 이어 후회도 기꺼이 우리들의 몫으로 남겨두는 것으로. 펠라는 다 같이 하는 외출이 무척 신나 보였.

오픈 시간에 맞춰 가려 했던 브런치 카페의 주차장도 빈자리가 거의 없이 차로 가득 차 있었다. 다행히 루프톱에 강변이 내려다보이는 좋은 자리가 딱 하나 남아있었다. 펠라와 무늬를 나란히 이동가방에 넣어 의자에 앉혔다. 둘은 이제 차에서도 하나의 카시트에 편히 앉는 요령이 생겼고, 거실의 넓고 긴 소파에서도 가장자리에 함께 붙어 앉는 다정한 사이가 되었다. 무늬는 다년간의 카페 메이트 경력을 가진 강아지답게 호젓한 표정으로 여유를 즐겼다. 오가는 사람을 경계하던 펠라도 시간이 지나자 제법 의젓하게 앉아 있었다. 브런치 메뉴

와 커피가 생각보다 맛있었다. 카페에서 나와 바로 앞 강변을 따라 걸었다. 무늬와 펠라는 새로운 풀과 꽃들과 정다운 코인사를 나눴다. 옷을 맞춰 입은 무늬와 펠라를 보고 예쁘다고 해주시는 행인도 만났다. 펠라와의 소중한 시간이 어김없이 좋은 기억들로 차곡차곡 쌓여갔다.

집으로 오는 길에 반려견 동반이 가능한 아웃렛에 들렀다. 반려견 전용 이동차를 빌려 둘을 태웠다. 차로 이동하는 게 지루했을 것 같은 무늬와 펠라를 위해 옥상 정원을 찾았다. 그곳에 조성된 반려견 전용 운동장에서 리쉬를 풀고 다른 강아지 친구들과 놀면서 신나게 뛰었다. 펠라가 처음 본 친구들과 예의 바르게 인사를 나누고 마찰 없이 어울리는 걸 보고 마음이 따뜻해졌다. 펠라는 분명 누구에게나 사랑받는 멋진 아이로 자랄 것임을 다시 한번 확신했다. 무늬와 펠라를 데리고 다니며 주변을 살피고 아이들의 안전을 위해 생각보다 긴장을 많이 했나 보다. 하루 종일 이별의 슬픔이 끼어들 틈이 없었다.

집에 온 무늬와 펠라는 간식을 먹고 좋아하는 소파 자리에 함께 누워 낮잠을 잤다. 한숨 자고 일어난 두 아이를 차례로 씻겼다. 펠라의 털이 그새 좀 자란 것 같다. 검고 보드라운 펠라의 털은 꼬마 남자아이의 머리를 쓰다듬는 느낌과 비슷했다. 씻기고 나왔는데 펠라를 안은 남편이 "씻어도 펠라한테 펠라 냄새가 나네."라고 말했다. 사람마다 체취가 다르듯 강아지도 냄새가 다 같지 않은 듯했다. 펠라와 무늬의 냄새가 다르기 때문이다. 이제 펠라의 정수리와 등에서 나는 펠라의 고소한 냄새가 익숙하다. 아마 펠라에게 우리 집 냄새가 섞여있어서 그런 것 같다.

펠라의 짐을 싸다 문득 이런 생각이 들었다. 무늬도 임시보호를 나서서 해주신 분 덕분에 보호소에서 구조되어 우리와 가족이 될 수 있었다. 우리가 받은 그 호의를 이제 펠라를 통해 조금이나마 돌려드릴 수 있게 된 거 아닐까. 그렇게 생각하면 이 모든 일은 감사한 순환이고 행복한 연결 고리가 된다. 여한 없이 아끼고 품었던 펠라와의 이별이 소중한 출발이 될 수 있으므로, 진심으로 사랑했기에 더 깊이 슬플 수 있음에 감사하다. 그만큼 펠라는 다정하고 사려 깊은 반려견이었다.

하지만 밤은 밤이었다. 어둠과 손을 잡고 슬픔도 왔다. 펠라의 주변을 맴돌았다. 아무것도 모르고 편히 늘어져 자는 펠라를 내려다보다 왈칵 눈물이 쏟아졌다. 펠라가 놀랄까 봐 소리 내지 않고 울다 뜬금없이 속마음을 말해버렸다.

"슬픔은, 참 힘들어."

그렇지만 대책 없는 이 진한 슬픔에 펠라의 몫이 없어서 얼마나 다행인가. 게다가 입양 담당자로부터 전해 들은 펠라의 가족은 너무나 펠라에게 알맞은 분들 같았다. 조만간 뵙게 될 펠라의 가족은 분명 좋은 분들일 거라 확신하며 울렁이는 마음을 다잡았다. 마지막 날인 만큼 펠라가 왔던 첫날처럼 다 함께 거실에서 잤다. 이제 알려주지 않아도 펠라도, 무늬도 우리 주변에 편히 자리를 잡고 잔다. 우리의 뒤척거림에도 깨지 않고 두 눈 꼭 감은 펠라의 통통한 배가 얕게 오르락거리는 속도에 맞춰 숨을 쉬어 보았다.

    내일이면 따뜻한 가족의 품을 향해 훨훨 날아갈 펠라야. 좋은 꿈 꾸렴.

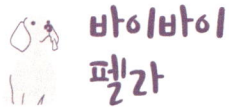
바이바이 펠라

💕 당연하게도 잠을 잘 못 잤다. 전날의 나들이로 몸은 피곤했는데 정신은 각성한 상태로 새벽녘에 겨우 잠들었다. 펠라는 너무 잘 잤다. 머리맡에 누웠다가 내가 잠들 무렵엔 다리 아래 폭신한 이불에 얼굴을 파묻고 그 자리에서 아침까지 내리 잤다.

펠라의 가족 되실 분들이 우리 집까지 펠라를 데리러 오신다고 했지만, 낯설고 어색하면 펠라가 놀랄까 싶은 마음에 우리가 데리고 가면 어떻겠냐 여쭤보니 흔쾌히 수락하셔서 우리가 움직이기로 했다. 펠라가 살게 될 곳은 친인척이 사는 동네라 자주 가서 잘 아는 곳이기도 했다. 펠라가 보호소에서 우리 집에 올 때 약간 멀미를 했던 전력이 있어, 넉넉히 출발해 펠라의 상태를 살피며 쉬엄쉬엄 가기로 했다.

펠라가 우리 집에 처음 올 때 썼던 켄넬을 싹 닦은 뒤 햇빛에 바짝 말렸다. 출발하는 아침에 허둥대서 펠라가 불안해하면 안 되니까 켄넬은 전날 밤에 미리 차에 실어놓았다. 구조견과 유기견의 입양시, 의외로 가장 많이 일어나는 사고가 입양처에 처음 도착하는 순간이라고 한다. 개는 변화에 민감하다. 바뀐 환경을 금방 눈치채고 다양한 반응으로 당혹스러움을 표현한다. 입양자가 자기 가족이 될 거라는 걸, 입양처가 자기 집이 될 거라는 걸 개는 알지 못한다. 그저 처음 보는 낯선 사람과 처음 가보는 낯선 공간이다. 그래서 견고한 켄넬에 넣어 켄넬 채로 이동하는 게 가장 안전하다. 켄넬로 이동해도 외부 공간에서 문을 열면 놀란 강아지가 갑자기 튀어나와 잃어버리는 일도 많다고 한다. 켄넬 채로 옮긴 뒤 문이 다 닫힌 안전한 실내에서 켄넬 문을 열어야 한다. 안일하게 목줄이나 하네스도 하지 않고 맨몸의 강아지를 안아서 옮기다 놓친 경우도 들었다. 이제야 가족을 만나는 기쁜 순간인데 그런 일이 일어나다니, 생각만 해도 아찔하다. 펠라의 켄넬이 단단하게 연결되어 있는지, 균열은 없는지 이곳저곳을 면밀히 살폈다.

입양처 근처의 공원에 들러서 펠라와 무늬와 함께 우리들의 마지막 산책을 했다. 펠라가 살 동네에는 반려 가족이 함께 산책하기 좋은 공원이 많았다. 그날도 아침부터 많은 반려견이 가족과 함께 나와서 행복한 표정으로 걷고 있었다. 앞으로 펠라도 이곳에 자주 나와 산책하는 행복한 강아지로 자라겠지 생각하니 마음이 놓였다.

약속한 시간에 얼추 맞춰서 도착했다. 입양 신청자분께 연락해 곧 도착한다고 말했다. 이제야 이 모든 게 이별로 가는 중임을 실감했다. 그때부터 머리가 띵하고 가슴이 크게 두근거리기 시작했다. 침을 삼키듯 눈물을 삼켜 숨길 수 있으면 좋을 텐데. 눈물이 흐르지 않게 눈에 담아두려 했지만 잘 안되고 금방이라도 넘쳐흐르려 했다. 눈에서 흘러내리기 직전에 잽싸게 닦아 없애서 울지 않은 거라 해보려 빠르게 눈물을 닦았다.

입양 신청자의 집 앞에 도착했다. 뒷자리에 앉아 무릎에 안고 있었던 펠라에게 "펠라, 하우스!"라고 말하고 자연스럽게 켄넬에 넣었다. 켄넬을 '하우스'라는 명령어로 인지하게 하고, 켄넬에 들어가서 밥을 먹고 간식을 먹으며 쉴 수 있게 교육을 해왔다. 펠라는 왜 차에서 자길 안아주지 않고 하우스에 들어가라고 했을까? 라는 생각을 하는 듯 어리둥절해 보였지만 이내 편하게 엎드렸다.

한눈에 봐도 좋은 분들 같았다. 함께 온 무늬의 안부도 여쭤보셔서 차에 타 있는 무늬와 인사를 나누셨다. 펠라의 인스타그램에서 자주 봐서 어딘지 낯설지 않다고 하셨다. 펠라를 위해 산 새 옷과 잘 먹던 간식, 좋아하던 장난감 등을 담은 쇼핑백과 켄넬을 드린 뒤 꼭 집 안에 들어가서 문을 여셔야 한다고 밝고 즐겁게 말씀드렸다.

"감사합니다. 펠라 잘 부탁드려요."

차에 타자마자 엉엉 울었다. 바로 직전까지 안고 있었던 따뜻하고 작은 펠라와 다시는 함께 집에 갈 수 없었다. 이렇게 슬플 거였으면 펠라를 가족으로 맞이했어야 아닌가 하는 후회가 처음으로 잠시 스쳤다. 차 안에 가득했던 펠라의 냄새가 벌써 흐릿해지고 있어서, 그럼에도 여전히 무릎에 안겨있던 펠라의 무게가 느껴져서 눈물이 멈추지 않았다. 남편은 그분들 앞에서는 새삼 어른스럽게 굴더니 타자마자 우는 거냐 놀리듯 말하며 내가 그만 울도록 멋쩍게 농담을 했다.

임시보호견이 따뜻한 가정으로 입양되는 마무리는 모두가 바라는 일이다. 더욱이 구조 단체에서 엄정한 과정을 거쳐 선별한 입양 신청자분들이라 신뢰도 갔고, 잠깐이었지만 직접 뵈니 한눈에 봐도 펠라와의 만남을 손꼽아 기다리신 기색이 역력했다. 그럼에도 이별의 슬픔이 이성을 잠식했는지 머릿속이 슬픔으로 범람했다. 무늬를 보고 남편과 이야기를 나누며 겨우 마음의 갈피를 가다듬었다. 차츰 안정을 찾아가던 중이었다. 집에 거의 도착할 무렵 입양 가족에게 메시지가 왔다. 와주셔서 감사하다는 인사와 함께 켄넬에서 나온 펠라가 이곳저곳 냄새를 맡으며 돌아다니고 있으며 간식도 먹었다는 소식이었다. 마치 원래부터 그 집에 살던 개 마냥 계단을 성큼성큼 올라 침대에 똬리를 틀고 앉은 뒤 당당한 눈빛으로 돌아보는 영상도 보내주셨다. 그 순간 거짓말처럼 웃음이 나왔다. 기분이 너무 좋았다. 펠라는 행복을 찾았구나. 앞으로도 씩씩하게 잘 걸어가겠구나. 우리 가족도, 구조

단체도, 입양 신청자도 우리 모두 한 마음으로 오직 펠라를 위한 일을 한 거구나. 펠라가 가는 그 길이 곧 꽃길이기를. 가시는 걸음걸음 놓인 그 꽃을 사뿐히 즈려밟고 가시옵소서.

    집에 와서 미처 치우지 않은 펠라의 배변패드를 보고 조금 울적해졌다. 그러나 우울할 틈을 놓쳤다. 이상하리만치 신나서 이 방 저 방 뛰어다니며 마치 이제 혼자임을 자축하는 듯한 무늬를 보며 금방 웃음이 나왔기 때문이다. 저녁에도 펠라의 가족과 대화를 나눴다. 저녁밥도 잘 먹었고 생각보다 붙임성도 있어 쓰다듬고 스킨십도 짧게 자주 하셨다고 했다. 펠라가 편히 쉬고 적응할 수 있도록 살뜰히 준비해 놓으신 것도 충분한데, 펠라를 더 배려하기 위해 이것저것 고민하고 계셨다.

    헤어질 때 경황이 없어서 펠라에게 인사를 제대로 못 했다. 하지만 왠지 그럴 것 같아서 아침에 집에서 출발할 때 아무도 몰래 펠라에게만 진지하게 작별 인사를 했다. 영상으로 남겨두길 잘했다. 펠라는 이제 집에 없고 좋은 분들의 품에 안긴 것 같지만, 아직 마음에서만큼은 다 보내지 못했다. 생각보다 긴 작별이 될 것 같다.

    "펠라야.
    건강하게 잘 살아. 알았지? 건강하고 행복하게 잘 살아야 해.

우린 널 영원히 사랑할 거야. 너는 멋지고 대단한 강아지니까 어디서나 사랑받을 자격이 있어.
가서도 사랑 많이많이 받고 맛있는 거 많이 먹고 쑥쑥 자라서 다음에 무늬언니 만나면 더 커져 있어라! 무늬언니한테 지지 말고~ 알았지?"

오늘 펠라는 입양 가족의 집으로 이동했어요. 앞으로 3주간의 트라이얼 기간을 거친 후 입양을 확정짓습니다.

임시보호는 양가적 감정을 품게 해요. 혼자 보기 아까울 만큼 점점 사랑스럽게 변해가는 펠라를 바라보며 부디 아이의 모든 걸 온전히 품어주실 평생 가족이 어서 나타나 주시기를 바라다가도, 한편으론 다가올 이별을 생각하며 해일처럼 밀려오는 슬픔이 두려워 조금 더 오래 머물러주길 속절없이 바라기도 해요. 입양이 진행된다는 걸 알게 된 날부터 너무 다행이라고, 잘된 일이라고 마음을 다잡았지만 언젠가 펠라가 없는 우리 집에 펠라 없이 돌아오는 날이 다가온다는 게 조금 무섭기도 했어요.

하지만 펠라는 앞을 향해 씩씩하게 걸어가기 위해 바로 지금에 집중하는 멋쟁이 강아지답게 집에 가자마자 잘 지낸다는 소식을 들었어요. 그러고 나니 거짓말처럼 기분이 좋아졌어요. 이별의 슬픔이 인간만의 몫이라는 사실이 너무 다행이기도 하고요.

그동안 펠라 예뻐해 주시고 펠라의 행복을 응원해 주신 분들께 진심으로 감사드립니다. 앞으로도 여전히 가족을 찾고 있는 펠라의 친구들에게 많은 관심 가져주시기를 감히 부탁드려 봅니다.

펠라, 순간순간 최선을 다해 다정한 마음 나눠줘서 고마워. 펠라처럼 멋진 아이를 알게 돼서 우리 가족 모두 분에 넘치게 행복했어. 너에게 배운 조건 없는 큰 사랑 혼자 갖지 않고 주변에 나누며 살게. 펠라, 그리고 펠라 가족분들의 하루하루가 찬란하길 기원합니다.

아름다운 이별, 사랑한다면 보내주세요

 임보 중반 즈음 남편이 먼저 펠라 입양에 대해 말을 꺼냈다.

"펠라, 우리가 입양해도 되지 않을까?"
"아니."
"왜? 무늬랑도 시간이 지날수록 잘 지내고 있고. 펠라를 너무 사랑하게 되었어."
"펠라는 우리보다 더 큰 사랑을 줄 좋은 가족을 만나야 해."

실은 임시보호를 하기로 했을 때 남편과 함께 냉정할 만큼 단호하게 내린 결정이 있었다. 우리는 임시보호를 하기에는 나쁘지 않은 가정이다. 그러나 두 번째 강아지를 입양하기에 좋은 가정이 아니다. 우리에겐 무늬가 있다. 오랜 길거리 생활로 사회화 시기를 놓쳐 사람과도 개와도 쉽게 어울리지 못하는, 그렇지만 함께 노력해서 어느덧 우리에게만큼은 최고의 가족이 된 아이. 만약 둘째를 입양한다면 무늬는 다시 많은 변화와 도전을 겪게 된다. 그렇지만 이미 무늬는 사람과 어울려 살기 위해 너무 많은 노력을 해왔다. 무늬가 더 이상 우리의 욕심으로 인해 애쓰게 하고 싶지 않았다. 더불어 우리가 무늬에게 그랬듯, 오직 자신을 향한 온전한 사랑을 듬뿍 받아도 모자랄 만큼 누군가에겐 세상에서 가장 소중한 존재가 될 수 있는 임시보호견에게 보통의 아이보다 조금 까칠하고 어려운 무늬와 당장 함께 어울려 지내라는 큰 숙제를 쥐여주기도 싫었다.

하지만 그 결정의 끝에는 이런 정반대의 결론도 있었다. 그럴 리가 없겠지만 만약의 만약의 만약에, 펠라에게 알맞은 좋은 가족이 나타나지 않는다면, 찾지 못한다면, 혹은 너무 신중해서 오래 고민하고 있어서 펠라도 너무 오래 기다려야 한다면. 그때는 우리가 펠라의 평생 가족이 될 조건이 되는지 진지하게 체크해 보자고. 실은 임시보호를 하겠다고 결정했을 때부터 어렴풋하게 가졌던 마음이었다. 펠라와 함께할수록 확신이 들었다. 펠라는 너무 멋진 강아지였다. 봄날의 햇살처럼 따스하고 다정한 성품으로 끊임없이 사랑을 나눠주었다. 사람과 개 모두에게나 좋은 친구, 좋은 가족이 될 준비가 된 아이였다. 대부분의 개가 그러하듯.

구조 단체의 담당자와 입양 신청자의 노력으로 펠라는 3주간의 트라이얼 기간을 지내며 입양 전제 임보처에서 가족이 될 준비를 착실히 해나가고 있다. 무사히 3주를 보내면 드디어 펠라에게도 평생 가족이 생긴다. 감사하게도 펠라의 소식을 인스타그램에 올려주셔서 소소한 행복을 느끼고 있다. 여전히 장난꾸러기 강아지지만 의젓하게 그곳에서 가족의 일원으로 천천히 스며드는 모습을 보니 펠라의 노력이 아름답고 기특하다.

그동안 살면서 '사랑한다면 보내주세요. 사랑하니까 놓아주는 거예요.'라는 말은 믿지 않았다. 하지만 이번엔 펠라를 보내는 게 옳았다. 사랑하기 때문에 더 확실히 놓아줄 수 있었다.

다시 임시보호를 할 수 있을까

펠라가 가고 나서 며칠간은 조용한 집이 어색했다. 우리 집은 원래 조용했다. 원래 무늬와 둘이 지내는 일상의 고요를 즐겼었는데, 펠라와 보낸 한 달간의 소란스러운 일상이 생각보다 더 진하게 몸에 익었나 보다.

화장실 문을 살짝 닫아 놓으면 문틈으로 긴 코를 들이밀어 고개를 빼꼼 내밀어 눈을 맞추던 펠라가 생각난다. 이젠 문을 꼭 닫고 샤워를 할 수 있지만 가끔 문틈 사이로 보이던 펠라의 까만 코가 그리워 괜히 문을 살짝 열어놓기도 한다. 의자를 발판 삼아 테이블까지 올라가는 대범한 강아지도 없으니 거실 테이블 의자를 완벽하게 넣어놓지 않아도 된다. 배변패드를 씹어 먹거나 패브릭 소파의 모서리를 뜯을까 걱정돼서 설치했던 웹캠도 집어넣었다. 집에서 산책을 기다리는 다른 개가 없기에 예전처럼 무늬는 한가한 산책을 만끽하고 있다.

남편의 그리움은 우리 집에만 드리운 밤안개처럼 잔잔하고 오래 머물다 갔다. 펠라가 가고 다음 날 밤, 미쳐 올려놓지 않았던 펠라의 사진을 '펠라'라는 이름의 공유 폴더에 모두 올렸더니, 남편은 이렇게 예쁜 사진이 많았냐며 불도 켜지 않은 어두운 거실에 혼자 앉아 펠라의 사진과 영상을 한참 들여다봤다. 남편은 하루 이틀 정도 훌쩍거리다 펭하고 코를 풀다 헤헤거리기를 반복하더니 조금 늦게 침실로 들어오곤 했다.

며칠간은 "펠라였다면," "펠라가 있었다면"으로 시작하는 문장이 우리 집의 유행어였다. 셋이 산책을 하다가, 차를 타고 가다가, 카페에서 커피를 마시다가, 문득 이 순간 펠라가 있었다면 어떻게 했을 거라는 상상을 늘어놓으며 펠라의 빈자리를 펠라가 주고 간 추억으로 가득 채웠다. 처음에는 비릿한 슬픔이 올라왔지만, 언젠가부터는 희미하게나마 미소 지을 수 있게 되었고, 어느덧 농담까지 할 수 있게 되었다. 펠라를 기억에서 잊는 게 아니라 잇기로 했다. 펠라와의 기억을 길게 길게 이어 붙였다. 그렇게 우리는 더 오랫동안 행복하게 펠라를 기억할 수 있는 우리만의 방식을 찾아가고 있다.

엄마도 그렇고, 나를 아는 지인들은 임시보호 초반부터 걱정했다. 정이 듬뿍 들어버린 임보견이 입양 가고 나면 우울하고 쓸쓸해서 어쩌려고 그러냐고. 한번 마음을 내어주면 다 주는 편인 나와 남편을 워낙 잘 아는 분들다운 사려 깊은 당부였다. 그러나 사실 처음부터 그

점은 전혀 염려하지 않았다. 당연히 슬프고 당연히 그리울 거라는 걸 잘 알고 있었다. 그 당연한 감정이 두렵고 무섭지 않았다. 오히려 후회 없이 사랑한 시간이 추억이 된다. 고작 우리는 슬픔과 그리움에 징징거리고 있지만, 그로 인해 임시보호견이 얻는 기회는 비교할 수 없을 만큼 컸다. 임시보호자가 예상할 수 있는 감정을 잘 다스리면, 죽음을 목전에 두었던 어느 한 생명은 새로운 가족을, 새로운 세상을 얻는다. 이 간단한 생각을 정리하고 나니 더 이상 주저할 이유가 없었다.

예상대로 펠라는 멋지게 잘 적응 중이다. 오물로 뒤덮인 외양간에서 태어나 소변으로 목을 축이고 썩은 사료를 골라 먹던 아이가 동물보호 단체의 구조 덕에 임시보호 가정을 만나 사람과 함께 어울려 사는 시간을 보냈다. 며칠 만에 보송한 수건으로 얼굴과 발을 닦고 깔끔한 소파와 침대에 누워 낮잠을 자고 깨끗한 물을 마시고 보드라운 장난감을 앙앙거리는, 이제야 자신에게 어울리는 일상을 갖게 되었다. 이제는 다복한 한 가정의 어엿한 가족이 된 펠라를 상상해 본다. 언젠가 기회가 된다면 다 함께 만날 수 있지 않을까도 슬쩍 기대하고 있다. 펠라가 나와 남편은 못 알아봐도 늘 엉덩이를 맞대고 낮잠 자다가 투닥거리며 싸우듯 놀았던 무늬는 기억하지 않을까. 무늬를 앞세워 인사하면 그래도 조금 반가워하지 않을까.

다시 임시보호를 할 수 있을까. 무늬가 감당할 수 있고, 우리가

3개월 정도 여행 계획을 세우지 않는다면 적당한 시기에 일정을 조율해 다시 임시보호를 하기로 남편과 얘기했다. 임시보호를 하는 건 모든 가족 구성원의 배려와 협력이 꼭 필요하다. 시작은 내가 했지만 남편의 든든한 지원과 이해가 큰 힘이 되었고, 펠라에 대해 의사결정을 할 때 함께 머리를 맞대고 옳은 결정을 위해 진지하게 고민해 주어서 늘 고마웠다. 무늬에게도 내가 개의 언어를 알았더라면 좋았을 텐데 라고 생각했을 만큼 커다란 고마움을 전하고 싶다. 며칠 뒤엔 우리 가족 셋이 여행을 다녀오기로 했다. 펠라와 함께하며 미뤄둔 서로의 일상을 돌보며 다시 셋이 만들어 가는 삶의 균형을 찾아야 한다. 그 균형을 찾을 때쯤이면 펠라처럼 마음에 쏙 들어오는 다른 아이를 임시보호하려 준비하고 있지 않을까.

TIP. 임시보호 하기 전 체크해야 할 것

임시보호를 하기 위한 사람이 갖춰야 할 뚜렷한 자격은 없지만, 그렇다고 유기견 혹은 구조견을 위한 마음만 앞세워 할 수 있는 것도 아니다. 그동안의 임시보호를 바탕으로 임시보호를 시작하기 전 준비할 것들에 대해 정리해 봤다. 임보를 하기로 고민하는 분들께는 현실적인 충고가, 임보를 앞두고 계신 분들께는 따뜻한 마음이 꺾이지 않도록 단단한 준비가, 그리고 임시보호 가족과 새로운 첫 출발을 앞둔 임보견들에게 가장 큰 도움이 되기를 바라며. (단, 설명을 위해 제시한 사례는 통계 자료가 아닌 개인의 경험에서 기인한다. 언제나 적용할 수는 없으므로 상황에 맞게 받아들이는 충고로 이해해 주시길 바란다.)

가족 혹은 동거인과의 충분한 대화와 협의

임시보호견과 동거가 시작되면 거주 공간에 생각보다 큰 변화가 생긴다. 예측할 수 있는 상황을 대비한다 해도 변수는 늘 생기기 마련. 가족 혹은 동거인과의 충분한 대화는 과해도 모자람이 없다. 정답을 찾지 못한다 해도 서로의 견해를 미리 알고 있기에 임보견, 동거인 모두를 배려하는 결정을 내릴 수 있는 가능성이 커진다. 임보견을 돌봄에 있어 역할 분담에 대해 미리 상의하는 것도 필요하다. 역할 분담에 관해 이야기하다 보면 결국 임보견을 위해 해야 할 일이 무엇인지 정리하는 기회가 된다. 혹 임시보호를 반대하는 구성원이 있다면 임시보호 하는 것을 다시 생각해 보거나, 시간을 들여 반대하는 사람을 이해하고 설득한 뒤 임시보호 하는 것이 좋다. 간헐적 수다쟁이가 되어 이야기를 나누자. 많이 많이.

공간 구성과 재배치, 임보견이 머물 곳에 대한 사전 준비

맙소사, 임시보호견이 집에 왔다! 가만 있어보자. 그럼, 얘는 앞으로 어디에 있어야 하지?

NO! 아이가 왔을 때 준비하면 늦는다. 임시보호견이 집에 오기로 결정되면 최대한 신속하게 아이가 낮에 주로 생활하는 곳, 자는 곳, 배변 장소, 밥 먹는 곳, 노는 곳 등의 장소들을 미리 준비해야 한다. 가족 구성원의 생활 습관, 동선, 주 양육자가 주로 머무는 공간 등을 파악해 두자. 일부 가구나 집기를 옮겨야 할 수도 있으니, 아이가 오기 전에 미리 옮겨두어야 안전하다. 임시보호견의 성향, 크기, 건강 상태, 나이 등도 생각해야 한다. 약을 복용 중이거나 질병을 치료 중이라면 거실과 같은 공용 공간보다는 아늑하고 조용한 방에 거처를 마련하고, 새집에 적응할 때까지 안정을 찾을 수 있도록 도와야 한다. 임보견이 퍼피라면 한창 이가 가려울 때라 물었을 때 위험한 전선 같은 건 안전을 위해 정리해야 한다. (퍼피가 아니더라도 위험한 건 미리 치우는 게 좋다.) 아파트와 다세대 주택 등의 공동 주택에서는 의외로 반려동물 거

Tip.

주로 인해 이웃, 집주인, 관리인 등과 갈등이 일어나는 경우가 많으니, 우리 집이 반려동물의 거주가 가능한 곳인지 꼭 확인해 두자.

준비해 두면 좋은 용품

패드 성능은 비슷비슷한 것 같다. 다만 실내 배변 훈련을 해야 한다면 넓게 깔아야 하므로 수량을 넉넉하게 준비하면 좋다. 사이즈도 큰 걸로 준비하는 게 좋다.

켄넬 낯선 공간에서 안전한 보금자리로 인식할 수 있는 켄넬이 있으면 적응에 도움이 된다. 나중에 병원에 가거나 장거리 이동을 할 때 켄넬 교육이 되어있으면 수월하다. 너무 커도, 작아도 불편할 수 있으니 임보견의 몸무게와 등길이에 맞게 준비한다.

울타리, 안전 펜스 중문이 없다면 현관문 앞에 안전 펜스를 설치할 것을 권장한다. 실제로 현관문이 열린 사이 집 밖으로 나가서 위험에 처하거나 실종되는 반려동물이 많다. 주방이나 작업실 등 집에 임보견이 들어가면 위험한 공간이 있다면 그곳 또한 안전 펜스로 미리 막아두는 게 좋다. 동거견이 있다면 완전 합사 전 서로의 구획을 나누고, 임보견이 교육이 필요한 퍼피이거나 출산한 모견과 자견 등 특수한 상황에서도 울타리를 사용하는 것이 좋다.

사료 대형마트, 강아지 용품을 파는 오프라인 매장, 온라인숍 등에서 구입한다. 특정 식재료에 식이 알레르기가 있는 아이들도 있으니 가급적 소포장한 샘플 사료를 준비해서 테스트 후 본품을 구매하는 게 좋다. kg당 10,000원 이하의 저렴한 사료는 급여 후보에서 배제해야 하며 믿을 수 없는 재료, 좋지 않은 성분, 영양 불균형한 레시피로 만들어서 되려 반려동물의 건강을 해칠 수 있는 사료도 있다. 가급적 반려동물 산업 선진국에서 생산하는 사료 브랜드와 국내산 사료 위주로 살펴보자.

목줄, 하네스, 리쉬(리드줄) 특별한 상황을 제외하고는 임보견이 임보처에 오자마자 바로 산책하러 나가는 것은 절대 안 된다. 목줄 등의 산책 도구는 급하게 구비하지 않아도 된다. 간혹 보호소나 동물구조단체 위탁처 등으로 임보자가 임보견을 데리러 갈 때 켄넬 및 목줄을 준비해야 하는 경우도 있다. 그럴 땐 반려견의 몸무게와 가슴둘레, 목둘레에 맞는 크기의 목줄과 리쉬(초반에는 하네스보다 목줄을 여러 개 하는 게 안전하다.)를 준비하자.

위생용품 집에 도착해서 바로 병원에 가거나 목욕을 할 수 있는 상태가 아닐 수 있다. 반려동물 전용 물티슈, 워터리스 샴푸, 전용 타월 등을 준비해 두자. 칫솔과 치약, 귀 청소 용액 등도 미리 구비하면 좋다.

그 밖의 전용 밥그릇, 물그릇은 아이의 크기에 맞게 준비하고 미스트, 풋 샴푸, 해충 방지 스프레이 등 당장 필요하지 않은 물품은 아이의 성향과 건강 상태를 보며 천천히 구입하자.

임시보호 기간에 대한 결정

임시보호라는 단어 중 '임시'가 가지고 있는 모호함 때문에 자칫 뒤에 있는 '보호'가 더 중요한 의미임을 놓칠 수 있다. 하지만 임시라면 도대체 언제까지 아이를 보살펴야 하는 건가? 기간에 대한 정답은 없다. 임보견의 상황과 계획에 따라 관련자들이 상의하에 기간을 결정한다. 개인 구조봉사자나 구조 단체에서 구조한 아이를 임시보호한다면 기간을 협의해야 하는데, 정확한 기준은 없지만 통상적으로 3개월가량을 기준으로 이야기가 오가는 경우가 많다. 임보 기간이 길수록 좋을까? 물론 안정적인 환경에서 보살핌을 받는 게 임보견에게 좋을 수 있다. 하지만 무리해서 임보를 이어가 기간만 늘리는 것이라면 말리고 싶다. 기간보다 중요한 것은 관련자들 간의 약속과 신뢰다. 임시보호를 시작하기 전 아이를 보호할 수 있는 기간을 명확하게 밝히고, 가급적 약속한 기한을 지키는 게 더 중요하다고 생각한다. 그래야 구조자나 구조 단체에서도 아이가 이후의 임보처나, 평생 가족을 찾을 수 있도록 최적의 계획을 짤 수 있다.

임보견을 돌보기 위해 쓸 시간과 돈

아이가 먹고 잘 공간만 내어주는 게 임시보호는 아니라는 걸 잘 알고 있을 것이다. 당연히 임시보호는 돈이 든다. 임시보호견의 질병 진료나 수술 비용은 대체로 구조 단체나 구조자가 사비나 후원금으로 지불한다. 접종이나 간단한 병원 진료 비용은 임시보호자가 지불해야 하는 경우도 있다. (직접 구조했을 경우는 구조자 또는 임보자가 병원과 관련한 모든 비용을 부담할 수밖에 없다.) 사료비, 간식비, 위생용품, 옷 등의 용품 구입으로 고정 지출도 늘어난다. 임보견에게 들어갈 지출에 대해 예산이 충분한지, 가족과 합의가 되어있는지 꼭 살펴보자. 돈뿐이 아니라 시간도 든다. 개의 성향과 건강 상태에 따라 다르지만, 산책할 준비와 교육이 된 건강한 성견의 경우 하루 2회 30분~1시간 정도의 산책을 하는 편이다. 어린 강아지나 활동량이 많은 아이는 그 이상의 횟수와 시간이 필요하다. 산책 시간과 함께 임보견과의 놀이, 간단한 예절과 사회성 교육, 주말에는 반려견 전용 운동장, 동반 카페 나들이 등의 활동을 함께 한다.

2. 솔이와 무늬

"너는 나의 운명의 강아지"

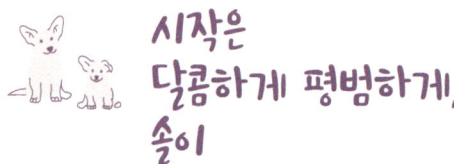

시작은 달콤하게 평범하게, 솔이

💕 사실 펠라의 임시보호를 시작하기 전, 아니 유기견이었던 무늬를 입양하기 전부터 나에겐 솔이가 있었다. 솔이는 결혼 전 함께 살았던 반려견이자 영원한 내 동생이고, 지금은 부모님 댁에 살고 있는 우리 집 막내둥이다.

대학을 졸업하고 그해 봄 곧바로 일을 했다. 학자금 대출금을 등에 지고 있었던 탓에 다소 무리하게 시작한 직장생활은 6개월 만에 조기 종영했다. 그때 누른 인생의 재부팅 버튼은 4학년 졸업반 때 해볼까 하다 미뤘던 임용고시 프로그램을 인스톨했다. 당차게 뒷북을 울리며 시작한 수험 생활은 생각했던 것과 달리 늘어지고 권태로웠다. 어느 날 밤, 엄마가 하얗고 보송보송한 덩어리 하나를 품에 안고 오셨던 날 전까지.

하얗고 보송보송한 덩어리는 태어난 지 6개월가량 된 강아지였다. 어릴 때부터 "나만 개 없어!"를 외치며 개를 반려하고 싶다던 나의 바람에는 늘 '그래. 너 중학교 가면, 고등학교 가면, 시험 잘 보면' 등의 현란한 미루기 스킬을 시전하던 엄마가, 강아지를 품에 안고 집에 온 날. 잘 익은 20년산 배신감에 꼭지가 돌아서, 혹은 마지막 남은 이성의 끈을 부여잡고 "당장 개 돌려주고 와!"를 외쳤다.

개를 반려한다는 엄청난 일의 시작이 그런 얼토당토않은 전개로 이뤄지면 안 되는 거라 생각했다. 물론 준비도, 공부도 하나 없이 작은 생명을 품어온 엄마에게는 이곳에 쓰기엔 복잡하지만, 가족끼리는 충분히 이해할 만한 이유가 있기도 했다. 그래서 소리를 지른 후 신나게 잔소리를 늘어놓으려다 꿀꺽 삼켰다. 그사이 흰 덩어리는 우리집에서 가장 아늑한 웃방 러그에 엎드려 천연덕스럽게 잠들어 있었다. 아이의 이름은 솔이. 엄마가 그렇게 부르기에 흰 덩어리는 솔이가 되었다.

솔이는 이모네 시가 친척분의 점잖은 반려견 태풍이의 막내딸이었다. 그때만 해도 교외에 잔디 마당이 있는 주택에 사는 어르신이 기르는 개란 대부분 마당에 살며 집을 지키고 어느 날 열린 대문으로 나간 뒤 돌아오지 않아도 열심히 찾지 않는 깍두기 같은 개가 많았다. (그렇지만 이런 식의 반려를 정당화하고 싶지는 않다.) 어느 해 가을, 점잖은 태풍이가 단 한 번 가출을 했고 돌아와 출산을 했다. 쑥쑥 자라 하나둘 입양처가 정해질 즈음, 태풍이네 잠시 들렸던 엄마 눈에 가장 예쁜 아이가 눈에 들어왔다. 형제자매들과 꼬물거리고 있던 솜뭉치는 그날로 덥석 들어 올려져 하루아침에 낯선 우리 집에서 '솔이'라는 이름으로 불리게 되었다.

당시 부모님은 늦은 시간까지 일을 하셔서 아침에 나갔다 밤에 들어오시기 일쑤였고, 언니는 유학 중이었다. 자연스럽게 백수 고시생 나와 솔이가 덩그러니 집에 남는 시간이 많았다. 놀고 먹고 자는 흰 솜뭉치인 줄 알았던 솔이는 똑똑했다. 내 생각보다 빠르게 우리 집 구성원을 구분해 냈다. 나는 '언니'라 불리길 바라는 사람으로 가장 오랜 시간을 함께 보내고 아침저녁 산책을 해주며 선을 넘으면 혼내기도 하지만, 다른 인간에게 혼날 때 잽싸게 달려와 편도 들어주는 사람. 처음 이 집에 올 때는 품에 안아줬으나 그다음부터는 크게 관심 없는 듯함에도, 때 되면 잊지 않고 맛있는 밥과 간식을 넉넉히 챙겨주는 사람이 '엄마', 통 관심도 없고 곁도 안 주지만 한밤중에 들어와도 잊지 않고 허리를 굽혀 두툼한 손으로 투박하게 머리를 쓰다듬어 주는 사람이 '아빠'.

개들은 귀여움으로 뻔뻔함을 무마하는 상급 기술을 태어날 때부터 가지고 있는데, 솔이도 그랬다. 처음에 부모님은 그분들 시대에 맞게 개는 개답게 키워야 한다며 절대 침대나 소파에 솔이를 올리지 말라고 했다. 하지만 내 기억이 맞다면 솔이의 안방 침대 점령은 일주

일도 채 걸리지 않았다. 짐짓 위엄을 갖춘 표정과 목소리로 내려오라고 해봤자 꼬리를 살랑거리며 귀여운 얼굴로 "정말?"이라 되묻는 표정을 지었다. 솔이는 허술했던 우리 집 규칙의 틈새를 귀여움 단 하나로 파고들어 손쉽게 바꿔 나갔다. 그리고 서서히, 하지만 완벽히 우리 집의 중심이 되었다.

언니까지 돌아온 후 4인 가족이 된 우리 집은 늘 사람 1명이 상주하는 집이 되었다. 그 이유는 혼자 집에 있을 솔이가 무섭거나 외로울까 봐. 혼자 집에 있던 사람이 나가야 하면 밖에 있는 가족에게 "어디야?" 혹은 "어디쯤이세요?"라고 연락했다. 집에서 가장 가까운 사람이 급히 들어가서 바통 터치를 하는 게 당연한 일이었다. 집에 솔이만 혼자 두면 하늘이 무너지는 줄 알았다. 가족 여행을 할 때도 자연스럽게 반려견 동반 숙소부터 찾게 되었다. 찾은 곳 중 솔이가 편하게 지낼 수 있는가의 여부가 숙소 선택의 기준이 되었다. 언니와 일주일 정도 해외여행을 다녀왔을 때는, 집에 오자마자 어딘가 토라진 듯한 솔이 앞에 엎드려 조공품을 올리듯 사 온 선물을 늘어놓고는 "솔이야, 미안해!"를 외치기도 했다.

솔이는 우리 집의 규칙을 바꾸는 것도 모자라, 우리 집의 규칙을 '솔이' 그 자체로 바꿔놓았다. 우리 가족 삶의 중심에 솔이가 놓이게 될 줄 누가 알았을까. 하지만 솔이가 가져온 변화는 이것뿐이 아니었다. 결혼해서 분가하게 된 나와 나의 남편 삶까지 강아지로 가득 채우게 된 것도 솔이 덕분? 때문? 이라고 봐야할 듯하다.

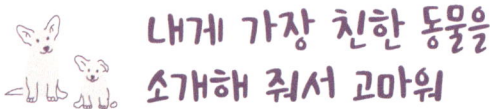
내게 가장 친한 동물을 소개해 줘서 고마워

솔이는 우리 가족이 보기엔 작고 작은 강아지였지만, 솔이를 처음 보는 사람들은 모두 솔이가 생각보다 크다고 말했다. 산책 나가서 몰티즈나 포메라니안 같은 소형견 친구들을 만나면 솔이는 더더욱 초초초 대형견이 되었다. 남편은 남자친구 시절 솔이와 강렬한 첫 만남을 가졌다. 나에게 볼일이 있어서 잠시 우리 집 앞에 들렀는데. 마침 솔이의 산책 시간이라 함께 나갔다. 그저 행인인 줄 알았던 사람이 우리를 향해 걸어오자 솔이가 놀랐다. 자신이 정한 안전한 반경 안에 남편이 들어왔는지, 솔이가 앞발을 띄워 상체를 세우고는 남편에게 돌진하며 왕왕 짖었다. 그 때 남편은 이렇게 말했다. "으아, 넌 엄청 크다!"

그리 좋지 않았던 둘의 첫 만남. 이후 솔이는 결혼 전 가끔씩 집에 놀러 왔던 남편을 내내 탐탁지 않아 했다. 이따금 힐끗거리며 쳐다보긴 했지만 본 거라기보다는 낯선 사람으로 입력된 자의 움직임을 확인하는 것에 가까웠다. 조금 가까이 왔다 싶으면 왕왕 짖거나 코를 찡그려 윗입술을 들어 올린 후 선홍빛 잇몸과 이빨을 뽐냈다.

"솔이는 나를 싫어하나 봐."
"아냐, 솔이는 너'도' 싫어해."

의기소침해진 남편에게 진실을 이야기했다. 우리 가족이 반려에 서툴렀던 게 여러모로 솔이의 공격성을 부추겼던 것 같다고. 그래서 솔이는 큰아빠도, 사촌 동생도, 이모도, 그리고 형부도 싫어했다고. 함께 사는 가족 빼고는 좋은 관계를 맺은 적이 없던 솔이였다. 남편은 예비 장인어른보다 솔이에게 허락받기 더 어려운 거 같다며 뼈가 담긴 농담을 했다.

얼마 후 우리는 결혼했고, 10여 년을 함께 살며 매일매일 볼 수 있었던 솔이와 떨어져 살게 되었다. 언니마저 떠난 본가에 솔이는 부모님과 살게 되었다. 언니와 내가 더 이상 집에 살지 않는 사실에 서운하지 않도록 이유를 설명하고 싶었으나 방법이 없었다. 솔이가 이해해주기만을 바랄 뿐. 조용한 집에서 들리던 솔이의 발자국 소리, 한밤중에 혼자 깨서 찹찹 거리며 물 마시던 소리가 그리웠다. 여름과 겨울에 긴 휴일이 있는 직업을 가져서 그때마다 신혼집에 솔이를 데려왔다. 처음에는 부모님이 데려다주셨다. 차 타는 걸 좋아하고 멀미도 하지 않는 솔이였기에 본가에서 우리 집까지 오는 것도 거뜬히 해냈다. 한번 오면 보통 2주, 길게는 3주씩 머물다 갔다. 우리 집을 별장처럼 생각해줬으면 했다. 솔이는 똑똑하고 착한 아이여서 우리 집에서도 의젓하게 잘 지냈다. 다만 남편과 솔이가 서먹한 상태인 게 조금 걸렸다.

남편은 철벽을 치는 솔이를 무서워했다. 하지만 한편으로는 가족에게는 사랑을 표현하고 다정하게 구는 솔이의 진짜 가족 또한 되고 싶어 했다. 솔이가 좋아하는 간식을 주며 둘은 친분을 쌓아갔다. 큰 소리를 무서워하는 솔이를 위해 남편은 재채기가 나올 것 같으면 잽싸게 다른 방으로 가 문을 닫았다. 가까워지는 중이었지만 강렬한 첫인상을 남긴 솔이의 모습 때문에 혹여나 솔이가 돌변해서 식탁 밑의 자기 발가락을 물진 않을까 겁내 했다. 솔이가 남편을 가족이자 보호자로 봤으면 하는 마음에 셋이 산책할 때 솔이의 리드줄을 서서히 남편이 잡기 시작했다. 자신의 리드줄 끝에 남편의 손이 있는 것을 보고 당황한 솔이의 모습이 잊히지 않는다. 그래도 셋이 하는 산책은 금방 즐거운 일상이 되었다. 남편을 바라보는 솔이의 시선이 조금씩 달라졌다. 하지만 솔이와 남편 둘이 있을 때는 나조차도 걱정이 되었다. 이 방법이 맞는 걸까 싶기도 했다.

그러던 어느 날 남편에게 영원히 잊지 못할 순간이 찾아왔다. 솔이는 무언가 원할 때 '코치기'라는 행동을 자주 한다. 가족에게 슬며시 다가와 손의 손바닥 쪽으로 자기 콧등을 넣고 툭툭 튕긴다. 생각보다 반동이 커서 손이 살짝 들리는 정도다. 오래 지켜본 결과 이 행동은 '자. 어서 손을 들어 나를 쓰다듬어라.' 혹은 '자, 어서 내게 간식을 내놓아라.'라는 뜻이다. 물론 이 행동은 가족에게만 한다. 남편은 솔이의 코치기를 유난히 부러워했다. 신뢰하는 가족에게 무언가를 요구한다는 걸 신기해하기도 했다. 그런 솔이가 어느 날 남편에게 '코치기'를 한 것이다.

      남편은 거의 울 듯한 표정에 다양한 감정이 담긴 목소리로 "아, 방금 솔이가 내게 코치기를 했어."라고 말했다. '너에게 코치기를 허하노라.' 이 사건 이후 둘은 급속도로 가까워졌다. 내가 외출하고 둘만 남은 집에서 서로 붙어서 놀다가 침대에 누워 함께 낮잠을 자기도 했다. 솔이는 남편을 원래 좋아하는데 표현을 안 했을 뿐이라는 듯 참았던 각종 애교도 쏟아냈다. 안되는 행동을 단호하게 말하는 나와 달리 솔이라면 뭐든지 다 OK인 남편의 다정함을 솔이가 알아차렸다. 조금 지나니 어느새 둘은 베스트 프렌드가 되어 있었다. 남편의 메신저 프로필 사진에는 업데이트를 해도 늘 솔이가 등장했다. 남편은 어디 가서나 솔이 자랑을 늘어놓았다.

      결혼 전까지 남편의 삶에는 어떠한 동물도 등장하지 않았다고 한다. 집에서 새 한 마리 기른 적 없다고 한다. 대표적인 반려동물인 강아지와 고양이를 키워보고 싶다는 생각도, 시도해 본 적도 없었단다. 그러므로 솔이가 그의 첫 반려 가족이었다. 반려동물에 대한 기댓값이 없는 삶을 살아온 30대의 남성이 솔이를 만난 후, 이제는 동네 개들의 이름을 부르고 눈인사를 하는 사람이 되었다. 솔이와 함께하며 그에게 새로운 세상이 열렸다.

 # 시간을 달리는 막냇동생, 노견이 되다

💕 여름과 겨울마다 온다고 해도 함께 살 때만큼 솔이를 자주 보기는 힘들었다. 함께 살 때는 집은 곧 솔이였기에 서로의 시간이 포개져 있다고 믿었다. 그래서도 그렇고, 솔이가 어렸기 때문에 개의 시간과 인간의 시간 속도차를 머리로는 이해했지만 실감하지 못했다. 요즘엔 솔이를 4~5개월 만에 만날 때도 있다. 가만히 솔이의 등을 쓰다듬으면 저물어 가는 내 개의 시간이 느껴진다.

지난여름 솔이가 아팠다. 윤기 나는 털이 가득했던 엉덩이부터 털이 숭숭 빠지기 시작했다. 정신을 차리고 탈모의 이유를 찾는 속도보다 털이 빠져 휑해진 곳의 피부가 빨갛게 변하고 심한 곳은 고름이 맺히는 속도가 더 빨랐다. 솔이는 환부가 간지러운지 잠깐 못 볼 때마다 강박적으로 긁었다. 긁어서 생긴 상처에는 보기만 해도 시리고 아파 보이는 갈색 피딱지가 앉았다. 원래 솔이는 몇몇 식품에 식이 알레르기가 있었다. 이미 어릴 때 알았고, 가족 모두 잘 알고 늘 조심하던 터라 간식도 사료도 늘 먹던 것만 먹는 솔이였다. 그런데 왜 이런 일이 일어난 걸까. 왜 솔이가 아픈 걸까.

아침저녁으로 동네를 산책하고 좋아하는 간식을 하루에 딱 1개만 먹는 솔이의 일상은 나름 단정하고 평화로웠다. 그런데 갑자기 털이 빠지고 피부가 뒤집어지다니. 뚜렷한 이유를 알 수 없었다. 병원에서는 노견의 신체 변화는 많은 변수가 있다고 했다. 나이가 들면서 없던 알레르기가 생기기도 하고, 컨디션 저하나 일시적으로 면역력이 떨어져 일어날 수 있는 일이라고 했다. 솔이의 주 보호자인 엄마와 아빠는 솔이를 위해 동분서주했다. 겁이 많은 데다 나이가 들며 고집이 생긴 솔이를 차에 태우고 병원에 데리고 가는 것도 어려운 일이었다. 정성껏 약욕을 하고, 땀을 뻘뻘 흘리면서 솔이의 털을 바싹 말려주었다. 떨어져 있는 내가 해줄 수 있는 일이라고는 효능이 좋은 약용 샴푸와 피부약을 검색해서 수의사에게 문의하고, 열감을 낮출 수 있는 침대와 쿨매트, 저알러지 사료 등을 주문해서 로켓배송으로 솔이네 집 앞에 보내는 것 정도였다.

엄마는 밤잠을 설치며 솔이를 간호했다. 긁고 싶어 하는 솔이를 보며 속상하셔서 자주 눈물을 흘리셨다. 조금이라도 편한 넥카라를 찾으려 각종 쇼핑몰을 검색하고, 솔이 자리에 깔아둔 쿨매트를 부지런히 소독하셨다. 피와 고름이 묻은 매트는 하루에도 두세 번씩 갈아준 뒤 깨끗하게 세탁한 새 매트를 깔아주었다. 선풍기도 솔이에게 모두 양보

한 채 행여나 밤에 몸을 긁을까 봐 솔이가 자리 잡고 누운 작은 방과 거실에서 새우처럼 몸을 옹송그리고 몇 주를 보내셨다. 개가 아픈 건, 노견이 아픈 건, 마음이 시리다 못해 뜯어지는 기분이다. 개들이 아픔을 참고 표현하는 방법은 처연하다. 솔이를 유난히 예뻐해 주시던 할머니도 아픈 솔이의 안부를 자주 물으시며 마음을 써 주셨다.

아침저녁으로 찬 바람이 불며 가을이 온 듯한 즈음, 앙상했던 솔이의 엉덩이와 다리에 계절을 뛰어넘어 민들레 씨앗이라도 다녀갔는지 짧은 솜털이 올라오기 시작했다. 그와 함께 긁는 빈도가 현저히 줄어들기 시작했고, 시원찮던 식욕도 조금씩 돌아오기 시작했다. 간지러워서 웅크리고 자던 녀석이 예전처럼 세상 걱정 없이 대자로 뻗어서 자고 조금씩 코도 골게 되었다. 어느 날 엄마가 가족 채팅방에 올린 사진을 보고 눈물방울이 뚝뚝 떨어졌다. 엉덩이와 다리, 콧잔등에 뽀송뽀송한 털이 자라서 어느 때보다 아기 강아지같이 보이는 솔이의 모습.

그해 가을과 겨울을 보내고 다시 찾아온 봄, 솔이는 다시 평온한 일상을 보내고 있다. 특별히 챙겨준 것 없는데 건강하게 잘 자라준 솔이가 늘 고맙다는 엄마는, 지난여름 솔이가 아파서 우리를 고생시키고 놀래킨 건 그동안 편히 보낸 것에 비하면 아무것도 아니라고 말했다. 하지만 우리는 알게 되었다. 이제 솔이가 종종 우리를 놀래킬 수 있다는 것을. 그럴 때면 또 우리는 마음을 모아 서로를 응원하고 솔이

곁을 지키며 보듬어 주고 도와주면 된다는 것을. 솔이와 우리가 함께 쌓아 올린 15년여의 시간을 바라보며, 올해 4살로 추정되는 무늬의 시간도 다시 헤아려 본다. 털북숭이 가족과의 촘촘한 시간을 위해 단 1분도 헛되이 보내고 싶지 않다.

사랑은 분명
강아지 모양일 거야

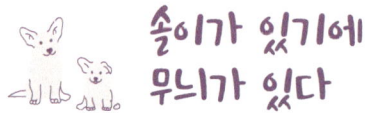
솔이가 있기에
무늬가 있다

 우리 집 가족 채팅방에 내가 자주 올리는 퀴즈가 있다.

두 개의 사진을 보내고 '누구게?', 혹은 여러 장의 사진을 보내고 '이 중에 솔이가, 무늬가 누구게?'

솔이와 무늬는 실제로 보면 저 멀리서 걸어오는 것만 봐도 누구나 쉽게 구분할 수 있다. 솔이는 15~16kg 체구의 중형견이고 무늬는 6kg 정도의 소형견이기 때문이다. 둘이 있는데 크면 솔이, 작으면 무늬다. 하지만 얼굴만 나온 사진이라면 이야기가 다르다. 나와 남편은 두 아이를 다 오래 봤기 때문에 잘 구분하는 편이지만, 솔이와 무늬를 구분하고 싶어 하는 건 칠순을 맞이한 우리 아빠부터 초등학교 2학년이 된 조카까지 모든 가족이 다 한 마음이다. 여기에는 틀리더라도 피 한 방울 섞이지 않은 솔이와 무늬가 자매처럼 쏙 닮았다는 사실을 다시 확인하는 것을 즐거운 이벤트로 여기는 가족의 다정함이 있다. 우리 가족뿐 아니라 구글 포토도 둘의 사진을 잘 구분하지 못한다. 얼굴 인식으로 사진을 자동 구분해 주는 시스템을 잘 활용하는데 자꾸만 무늬와 솔이를 한 폴더에 넣으려 한다.

퇴사를 준비하고 프리랜서가 되기로 하며 자연스럽게 반려견을 맞이할 준비도 함께하게 되었다. 가족을 찾고 있는 아이들의 사진을 자주 훑어보았다.

"얘는 정말 솔이 아니야?"

무늬를 처음 본 날 저렇게 말하면서 남편에게 보여줬던 것 같다. 솔이를 쏙 빼닮은 무늬. 무늬가 소심하고 애교가 없고 반려견으로 매력이 없는 아이라는 만류는 귓등으로 흘렸다. 우리는 이 아이와 함께하기 위해서 이렇게 오랜 시간 기다리고 고민하고 주저했던 게 분명했다. 운명처럼 시작한 서사는 입양으로 아름답게 완성되었다.

반려견을 입양하게 되는 계기는 여러 가지가 있을 테지만, 우리처럼 '이미 반려하던 가족 강아지와 꼭 닮아서'도 있을까 모르겠다. 무늬를 입양하기로 결정한 뒤 처음으로 가족들에게 무늬 사진을 보여줬다. 무늬 사진을 본 언니는 '너희 아주 무서운 일을 꾸몄구나.'라며 반가움과 놀라움을 표현했다. 엄마와 아빠도 정 많고 눈물 많은 내가 기어코 개를 반려한다며 걱정하시다가, 무늬의 모습을 보시고는 대번에 솔이 여동생이라고 말씀하셨다. 그 후 너무도 자연스럽게 무늬에게 "엄마가 해줄게. 아빠가 먹여줄게."라고 하시며 무늬의 부모를 자처하신 것은 무늬가 솔이와 닮아도 너무 닮았다는 사실도 조금은 반영된 것이리라.

언젠가부터 '강아지는 사랑을 싣고'라는 말을 만들어 마음 한 곳에 담아두고 살고 있다. 고마운 내 동생 솔이 덕분에 무늬를 알아볼 수 있었고 무늬와 한 가족을 이루게 되었다. 솔이와 무늬는 닮은 것치고 친하지는 않다. 둘 다 외동으로 자란 데다 원래 다른 개에게 관심이 없고 혼자 즐겁게 사는 성향을 가진 아이들이다. 둘은 성격마저 닮았다. 그래도 해마다 둘을 포함해 온 가족이 함께 여행도 다니고 있다. 여행을 가서 둘이 잠시나마 함께 어울리고 가족사진도 함께 찍을 때 보면 이제 둘을 포함한 우리는 영락없는 가족의 모습을 하고 있다.

그럼에도, 유기견 무늬를 입양한 까닭은

 이 아이, 우리 집에 데려오면 어떨까?

강아지를 가족으로 맞이하고 싶은 마음을 가진 건 자연스러운 일이었다. 결혼하며 분가하기 전까지 반려견 솔이와 함께 살았다. 10여 년간 솔이가 내게 가르쳐준 새로운 감각은 늘 가슴 한편에서 몽글거리고 있었다. 남편과 산책하며 강아지를 마주칠 때마다 "이거 봐. 나만 강아지 없어. 나만!"을 장난스레 외치곤 했지만, 이제야 고백하건대 순도 100%의 진심이었다. 어느 날부터 동물보호단체와 유기견 보호소의 SNS를 팔로우하기 시작했다. 좋은 가족을 찾은 아이들의 이야기를 보며 기뻐하고, 안락사를 앞둔 아이들을 보며 한껏 침울해지기도 했다. 마음에 남는 사연을 가졌거나 말 그대로 화면 속 눈망울과 눈이 마주쳐 버린 아이들을 하나둘씩 저장하기를 3~4년쯤. 어느 날엔가는 남편이 내 핸드폰 사진첩을 보고 "아니, 왜 이렇게 낯선 강아지 사진이 많아?"라고 물었다. "허허허, 그러게 말이야"라고 대꾸하고 말았지만, 사실 잠들기 전마다 아이들의 얼굴을 하도 들여다봐서 그런

2. 솔이와 무늬

가 왠지 오래 알고 지낸 아이들 같았다.

가슴 높이에서 내 발 사이즈 정도의 너비로 양손을 마주 보게 하고 동그란 걸 잡은 듯 손가락을 둥글게 말아보았다. '한 요만하지 않을까? 이렇게 작은 친구가 우리 집에 있다고 크게 달라질까?' 싶기도 했다. 하지만 이내 단호히 마음을 접었다. 우리 집 가족이래 봤자 단출하다. 나와 남편 둘뿐. 주중에는 세탁기가 해주는 빨래도, 청소기가 해주는 집 청소도 못할 만큼 회사 일에 치여 사는 맞벌이 부부에게 강아지라니. 쓸쓸히 혼자 우리만 기다리고 있을 작은 친구의 슬픈 눈을 떠올리는 건 어렵지 않았다. 그래. 아무도 행복해질 수 없을 것이 선명한 미래에 우리 가족(가상의 강아지 일원 포함)을 밀어 넣을 순 없지.

무늬는 남편에게 사진을 보여줬던 138번째쯤 되는 강아지였다. 하지만 137번째와는 다르게 가슴이 철렁 내려앉은 후였다. 이 아이 솔이와 닮아도 너무 닮은 거다. 그동안 그렇게 고심(이라 쓰고 핑계) 하며 좌고우면하는 동안 가여운 친구들을 놓치더니, 드디어 올 게 온 것인가. 남편도 "얘 완전 솔이 아니야?"라고 말하며, 무늬의 다른 사진들도 유심히 보기 시작했다.

무늬와 솔이의 외모상 닮은 점이 너무 많아 다른 점 하나만 적어본다. 솔이는 풍채 좋은 풍산개 어머니를 둔 개답게 성견이 되자마자 15kg를 거뜬히 찍은 빅 개이고, 무늬는 5kg 정도로 추정되고 마른 상태라 정상 체중을 되찾으면 6~7kg 정도 나갈 것으로 보인다고 했다. 무늬는 당시 첫 임보처에서 사정이 생겨 두 번째 임보처로 옮겨 머물고 있었는데, 소개 글을 읽어보니 길에서 시간을 꽤 보낸 듯 구조 당시 매우 꼬질한 모습이었고, 구조될 때 사람들의 외침과 완력에 놀란 탓인지 사람에 대한 경계가 심하고 붙임성이 별로 없는 아이라고 했다. 입양이 어려울 거라 생각했는데 먼저 구조된 자매견이 입양 가서 잘 지내고 있어서 단체에서 용기를 내 무늬에게도 기회를 주기로 했다는 글도 함께 찾아 읽었다.

임보자님이 올리신 영상을 보니 방석보다 조금 큰 침대 밖으로 한 발짝도 못 나오고 까만 눈을 돌리고 눈치만 보는 모습이 마음에 박혔다. 이런, 겁 많고 소심한 성격마저 대왕 새가슴 우리 솔이를 닮았네. 마치 침대 밖에 용암이라도 흐르는 듯 방바닥에 발이 닿자 소스라치게 놀라는 아이. 무늬는 이미 다 자란 성견 아이였다. 사람들이 선호하는 품종견도, 아기 강아지도 아니었다. 어쩌면 좋지.

갈팡질팡하던 마음은 뜻밖에도 이상한 곳에서 풀렸다. 무늬의 입양을 시원하게 결정하지 못하고 고민하던 중, 단골 헤어숍에 갔다. 헤어숍 원장님도 파양견 아이를 입양하여 키우고 계셨고, 평소 솔이에 대한 이야기와 유기견을 입양하고픈 나의 마음을 알고 계셨다. 무늬에 대해 이야기하며 고민 중이라고 했더니 원장님 말씀.

"더 좋은 환경을 만든 후 맞이하시려는 마음은 이해해요. 그렇지만 그 아이에겐 앞으로가 없을지 모르잖아요. 유기견을 입양하면 그 아이에게는 세상을 모두 주는 거나 다름없어요. 살리는 일, 결국 앞으로의 생명을 주는 거죠. 그것만큼 값진 일은 없는 것 같아요!"

무늬를 구조해서 돌보고 있는 단체에 입양 의사를 밝힌 메일을 보냈다. 인터뷰도 성실히 마쳤다. 다행히 입양 적격 가정이 되어 입양이 확정되었다. 입양 서약서를 작성한 다음 날 곧바로 임보자님과 연락하여 무늬를 데려올 약속을 정했다. 몇 년간의 고민이 우스울 만큼 무늬를 데려오기 위한 모든 일은 마치 원래 그랬어야 했다는 듯 일사천리로 이루어졌다.

전날 밤, 남편과 떨리는 마음을 진정시킬 겸 무늬에게 당장 필요한 것들이 아침에 도착할 수 있도록 급히 주문해 두었다. 그리고 집에서 가장 조용한 서재방을 정리해 한편에 무늬가 머물 공간을 만들었다. 솔이가 우리 집에 놀러 오면 사용하던 물그릇과 밥그릇, 그리고 침대를 꺼내 세팅했다. 솔이는 체구에 비해 작고 보드라운 재질의 장난감을 좋아하는데 무늬는 어떨까? 솔이는 시판 간식보다 삶은 양배추와 브로콜리를 좋아하는데 무늬는 어떨까? 솔이는 함께 있다가도 슬그머니 조용한 곳을 찾아 들어가 낮잠 자는 걸 좋아하는데 무늬는 어떨까? 사진과 영상으로는 알 수 없는 무늬의 취향을 궁금해하며 잠들었다.

그리고 그날 밤, 고민왕답게 몇 년에 걸쳐 고민하고 있던 나의 퇴사 시기마저 확정해 버렸다.

여러 가지로 무늬는 운명의 강아지였다.

유기견 입양 신청서

💕 안녕하세요.

이런 식으로 제 소개를 써 본 적이 너무 오래여서 어색하지만 이 글을 읽으실 분들의 수고에 조금이나마 보탬이 되어야 한다는 마음으로 최선을 다해 써보겠습니다.

저는 ○○시 ○○구에 거주하고 있으며 직업은 교사입니다. 나이는 30대 중반이고 결혼한 지 제법 되었습니다. 동거인인 동갑내기 남편은 서울 소재 기업에 재직 중이고 반려견 입양을 제외하면 우리 가족 구성원은 남편과 저 외에 더 늘어나지 않을 예정입니다.

현재 아파트 형태의 공동 주택에 살고 있는데 마당이 있는 주택에 비하면 반려견에게는 부족한 주거환경일지 모르겠습니다. 하지만 강아지와 함께 거주하는 이웃이 많이 계시고, 대부분 매너가 좋으셔서 엘리베이터에서 만나면 같은 동 주민 대부분 강아지에게 친근하게 대해 주시는 걸 봐왔습니다. 집 바로 앞에는 천변을 따라 길게 조성된 산책로가 있어서 산책을 좋아하는 저희는 아침저녁으로 걸을 때마다 강아지와 함께인 주민을 자주 봤습니다. 아파트 단지의 앞뒤로는 길을 건너지 않고 갈 수 있는 공원이 2개가 있습니다.

저는 결혼하기 전까지 본가에서 막냇동생 솔이와 함께 살았습니다. 어렸을 때부터 강아지를 가족으로 맞이하고 싶어서 부모님께 조른 적이 많았지만, 막상 솔이가 집에 왔을 때 저는 극구 반대했던 기억이 있습니다. 계획도 없이 급작스럽게 강아지를 데려온 어머니를 힐난하기도 했고, 다시 돌려주어 더 좋은 입양처를 알아보라고 화를 내기도 했습니다. 하지만 솔이는 당시 임용고시를 준비 중이라 힘들었던 저의 마음에 큰 사랑을 나눠주었고, 저뿐 아니라 온 가족의 사랑을 듬뿍 받으며 애교쟁이로 자랐습니다. 우리 집 모든 일의 중심이 솔이로 변하기까지는 오랜 시간이 걸리지 않았지요.

솔직히 말씀드리면, 우리 가족 모두 강아지에 대한 지식이 없는 채 솔이를 맞이했기에 입양 초기에는 실수도 많았습니다. 솔이에게 켄넬 교육이 필요한지 몰라서 시기를 놓쳤고, 예전에는 밥을 먹을 때 식탁 아래에서 기다리는 솔이에게 사람 음식을 조금씩 주기도 했습니다. 하지만 그 와중에도 꼭 지킨 일이 있었습니다. 가족 모두 솔이를 혼자 집에 두고 외출하면 안 된다는 암묵적인 약속이었습니다. 하늘이 두 쪽 나도 집에 솔이 혼자 두는 일은 없었습니다. 아버지는 술자리에서 부랴부랴 들어오셨고, 저와 언니는 친구와의 약속을 미루기도 했어요. 언제나 늘 누군가가 솔이를 보살피고 있었습니다. 솔이는, 반려견은 영원히 보살핌이 필요한 평생 어린애라고 생각하고 있습니다.

여행을 좋아하는 우리 가족은 솔이를 맞이하고 난 이후부터 반려견 동반 숙소부터 찾았습니다. 일단 숙소를 결정한 후 여행지를 결정하곤 했어요. 아기 솔이는 실내 배변을 했지만, 1살이 지난 후부터는 자연스럽게 실외 배변을 해서 비가 오나 눈이 오나 아침저녁으로 하루 2회 이상 산책을 해야 했습니다. 장모견이라 반나절만 지나면 집 구석구석에 하얀 털이 눈처럼 소복이 쌓이지만 틈나는 대로 청소기를 돌리면 되는 일이라 생각했습니다. 강아지와 함께 살면 일어날 수 있는 번거로움에 대해 알고 있습니다. 하지만 강아지를 가족이라고 생각한 이후, 아빠의 코골이 때문에 잠에서 깨거나 아침저녁 귓전에 울리는 엄마의 잔소리와 비슷한 정도의 번거로움이라 느끼게 되었습니다. 반려견과 함께 살며 일어나는 특별한 번거로움이 아니라 여럿이 함께 살 때 일어나는 자연스러운 일, 당연히 그러한 일쯤으로 여기게 되었습니다.

남편의 부모님은 자녀 분가 후 귀향하셨습니다. 그곳에 마당이 있는 집을 지으시고 반려견 덕이와 함께 지내고 계십니다. 올해 4살인 삽살견 덕이는 작년 중성화를 마친 후 제법 어른스러워졌지만 여전히 밭을 가로질러 뛰고 온 동네 대소사를 관장하는 부지런한 이장님 같은 아이입니다. 비록 남편은 결혼 후 덕이를 만나게 되어 저와 솔이처럼 함께 산 경험은 없지만, 수더분한 성격의 덕이가 일 년에 너덧 번 보는 저와 남편을 기억하고 가족으로 대해주고 있어 부쩍 친한 사이가 되었습니다. 남편은 한 집에서 강아지와 삶을 나눈 적은 없지만, 저와의 연애 시절부터 종종 솔이를 데리고 셋이 함께 산책을 하곤 했습니다. 그리고 결혼 후에는 제가 여름방학과 겨울방학을 보낼 때마다 우리 집에 머물다 가는 솔이와 시간을 보냈습니다. 그때의 경험 덕에 반려견과 시간을 보내고 삶을 공유하는 것의 기쁨을 잘 알고 있습니다.

결혼 전부터, 그리고 결혼 후에도 저희 부부는 오랫동안 개를 가족으로 맞이하는 것에 대해 대화를 나눴습니다.

강아지 가족이 있다면 어떨까? 우리가 잘할 수 있을까? 강아지가 외롭지는 않을까? 우리보다 더 좋은 가족을 맞이할 기회를 우리가 뺏는 건 아닐까?

사실 대화의 끝에는 '우리 같은 라이프 사이클을 가진 사람도 강아지를 가족으로 맞이할 자격이 있는 걸까.'라는 의문이 있었습니다. 남편은 평균 9시~6시, 저는 7시~4시 동안 회사에 있습니다. 오래 집을 비우는 2인 가족의 현실이 혼자 집에 오도카니 앉아 가족만 기다리는 쓸쓸한 강아지를 만들고, 우리의 욕심만 채우는 건 아닐까 하는 슬픈 생각이 머리를 떠나지 않았습니다. 하지만 조만간 제가 회사를 그만두고 집에서 일을 할 예정입니다. 주 보호자인 제가 집에 머무는 시간이 많아지기에 반려견 입양을 결심하게 되었습니다.

저희도 인스타그램에서 유기동물 입양을 돕는 단체들의 피드를 보며 마음이 닿고 아파하는 많은 분 중 하나입니다. 유기견을 입양하는 분이나 임시보호를 하는 분의 숭고한 실천을 존경하고 있습니다. 마음으로라도 돕기 위해 동물보호 단체 서너 곳에 정기 후원을 하고 있지만, 직접 발로 뛰시는 분들의 노고에는 비할 바가 없습니다. 유기동물을 알리는 피드를 보다가, 유독 마음이 쓰이는 아이가 아로(입양 전 무늬의 이름)였습니다. 솔이와 친자매라고 해도 믿을 정도로 얼굴도, 모색도, 표정도, 설명되어 있는 소심한 성격마저 닮은 아이였습니다.

아로를 본 이후, 며칠의 진지한 대화 중 남편의 묵직한 말 한마디가 마음에 닿아 오래 머물렀습니다. 그리고 그 끝에 비로소 용기를 내어 6년 전부터 보내고 싶었던 메일을 보냅니다. 저희보다 더 좋은 환경에서 사랑을 받고 자랄 수 있다면 더없이 좋겠지만, 기회가 닿는다면 사람에게 받은 듯한 상처가 깊은 작은 아로가 마음을 열고 편히 잘 수 있는 곳을 마련해주고 싶네요. 연락 주시기를 기다리겠습니다. 감사합니다.

이름 짓다.
너를 위한 집을 짓는 마음으로

💕 길에서 발견되었던 당시 무늬는 인식표와 등록 칩이 없었다. 어느 누구의 '물건'이나 '재산'이 아닌 상태라 인간이 만든 질서와 체계에 편입하기 모호한 존재. 언제 사라져도 문제 될 게 없는 흐릿한 존재. 그게 무늬였다.

입양하기 전, 보호소에 입소한 무늬가 펜스가 쳐진 작은 야외 공간에서 걸어 다니는 영상을 봤다. 보호소 직원분들이 씻긴 후 엉킨 털을 거둬내 주신 덕에 털 속에 숨겨두었던 예쁜 이목구비를 드러낸 무늬가 목줄과 리드줄을 한 채 걷고 있었다. 사람과 발맞춰 걷는 것을 처음 해보는 듯 연신 힐끔거리며 "거기 사람, 왜 날 따라오죠? 이 치렁치렁 한 건 다 뭐고요?"라 말하는 듯 한껏 어리둥절한 몸짓이었다. 당시 무늬는 미용을 한 흔적도 없었고 길거리 생활을 하는 아이들이 잘 걸리는 진드기를 매개로 한 질병인 아나플라스마에도 감염된 상태였다.

여러 정황상 무늬는 사람의 돌봄을 받아보지 않았거나, 아주

어릴 때부터 사람의 품에서 튕겨져 나온 아이로 보였다. 무늬의 출생에 대해 상상해 보았다. 아마 개가 태어나고 사라지는 것에 대해 무지한 집에서 태어나(혹은 태어난 줄도 모르다가) 방치된 후 스스로 어른이 된 거 아닐까. 그렇게 생각하니 겁에 질린 몸짓과 사람의 손길을 피하는 소극적인 태도에 비해 유독 진하고 깊어 보이는 아이의 눈매가 조금은 이해되었다.

아늑한 보금자리, 깨끗한 물과 양질의 식사, 사랑을 담은 손길, 신뢰와 연대, 그리고 처음부터 끝까지 늘 함께하는 삶에 대한 노력과 계획은 몇 번이고 다짐했고 자신도 있었다. 반려견을 입양하기까지 남편과 장장 5년을 넘게 고민했지만(무척 신중하기도 했지만, 이때쯤 우리가 입양을 할 수 있다고 납득할 만한 환경이 갖춰진 것도 있다), 막상 입양을 확정한 후 생각지도 못한 고민에 빠졌다. 아이의 이름을 짓는 것 때문이었다.

좋은 뜻을 담고 있으면서, 부르기도 좋고, 글씨로 써도 예쁘고, 우리가 공유할 삶과도 연관성이 있고, 아이의 이미지와도 맞고. 욕심이 났다. 남편과 나는 둘 다 각자의 이름으로 불린 지금까지의 삶에 만족이 큰 편이었다. 공들인 이름으로 인해 뜻밖의 환영을 받거나 예기치 않은 주목을 받는 게 어떤 기분인지 알고 있었다. 무엇보다 한 존재를 세상에 내보이기 위해 기울인 가족의 관심과 사랑이 응축된 것, 그 첫출발이 이름이라고 믿고 있었다.

그래서 더 집착했던 걸까. 아이가 오기로 한 날 며칠 전부터 자기 전 침대에 누우면 둘이 머리를 맞대고, 혹은 싸매고 종알거리며 다툼 아닌 다툼을 했다. 이것저것 중구난방으로 떠들다 결국 남편과 함께 좋아하는 것, 좋아하는 장소, 좋아하는 단어를 떠올렸고 핸드폰 메모장에 적은 뒤 추려 나갔다. 그렇게 해서 남은 최종 후보가 이들이었다.

'미소, 은새, 키키, 피비, 코튼, 나무, 소울, 냉면, 혜화, 세화, 보름, 달, 무늬.'

둘 다 웃음의 가치를 소중히 여기니 미소, 드라마 〈커피프린스 1호점〉을 보며 예쁘다 생각했던 이름 은새, 지브리 애니메이션 〈마녀 배달부 키키〉의 주인공 키키, 레전드 시트콤 〈프렌즈〉의 주인공 피비, 하얀 모색이 솜털 같아 보여 떠오른 코튼, 햇빛 받아 튼튼하게 쑥쑥 자랐으면 해서 나무, 현재 부모님과 살고 있는 반려견 내 동생 솔이와 사촌이 되니 솔이와 비슷하게 소울(영어로 영혼이란 뜻도 있고), 우리의 소울푸드 평양냉면에 대한 애정을 담아 냉면(음식으로 이름을 지으면 오래 산다는 이야기도 있고), 우리의 대학 새내기 시절 추억의 8할을 만든 곳 혜화, 사랑해 마지않는 제주 동쪽 바다 세화, 온 주민들의 사랑을 받던 예전 동네 편의점의 귀여운 고양이 이름 보름, 엉뚱한 짓을 할 때 아마 지구가 아닌 다른 곳에서 태어나서 그런지도 모른다는 더 엉뚱한 상상을 하며 떠올리곤 하는 곳 달.

무늬는 우리가 좋아하는 영화 〈플로리다 프로젝트〉 주인공의 이름인 'Moonee'를 한글로 적은 것이다. 보통 '무니'라고 표기하는데 한글로도 뜻이 있었으면 해서 영어로 쓸 땐 Moonee로, 한글로는 무늬로 쓰기로 했다. 영화 속 Moonee는 경제적 기반이 부족하고 책임감이 결여된 어린 부모에게 태어나 제대로 된 보살핌을 받지 못한 여섯 살 소녀. 눈치 빠른 처신과 조숙한 언행으로 얼핏 보면 어른스러워 보이지만, 먼 곳에 꼭대기 부분만 겨우 보이는 어트랙션을 바라보며 꼭 한 번 디즈니랜드에 가보는 소박한 꿈을 품은 영락없는 꼬마 아이다. 사람의 필요에 의해 태어나 사람에게 버림받고 다시 사람에게 거둬지는 아이러니한 유기견의 삶 속에서 무늬 역시 원하든 원치 않든 살아남기 위해 빨리 어른이 되어야 했을 거다. 엉키다 못해 덩어리져 굳은 털 속에 여린 분홍 속살을 숨긴 채로.

"무늬야, 이제 우리 함께 우리 집, 무늬네 집으로 가자."

무늬가 집에 온 첫날, 무늬도 우리도 서로에게 잔뜩 조심스러운 상태였다. 웅크리고 누워 눈동자만 데굴데굴 굴리고 있는 무늬를 쓰다듬으며 괜찮다, 물 좀 마시렴, 편히 누워도 되는데… 남편과 번갈아 중얼거렸다. 임보처에서 이곳으로 거처를 옮기고, 켄넬에 들어갔다가 달리는 차를 타고 오는 등 여러 가지 변화가 벅찼을 테니 무늬가 조용히 혼자 쉴 시간을 주는 게 좋겠다는 의견을 나눈 뒤 방에서 나오려는 찰나, 무늬의 등 위쪽을 봤다. 자세히 보니 온통 흰색인 줄만 알았던 아이의 등 부분에 서너 개의 크고 작은 베이지색 '무늬'가 있었다.

"우리 무늬에게…… 무늬가 있어."

이름도 '짓다' 집도 '짓다'이다. 무늬가 지금까지 살아온 차갑고 슬픈 세상보다 더 단단하고 큰 이름을 지어주고 싶었던 마음이 무늬의 이름에 담겨있다. 이제 누군가 '무늬~'라고 부르면 포근한 손길이 따르고, 영원히 멈추지 않을 따뜻한 마음이 자신에게 닿을 거라는 걸 알아줬으면 좋겠다. "무늬야."

"이름이 뭐예요?"
"무늬예요. 꽃무늬 할 때 무늬."
"어머, 이름이 너무 예뻐요. 무늬야, 안녕?"

무늬는 우리에게나 완벽한 강아지

💕 싸운 적 없는 세상과 화해를 해야 했던 기이한 운명에 처한 무늬에게 도움을 주기 위해 우리는 꽤나 많은 고민과 노력을 해왔다. 처음 시작은 누구나 그렇듯 커뮤니티나 블로그 등을 검색하며 글을 읽거나 유튜브에 올라온 반려견 교육 영상들을 보며 어설프게 따라하기였다. 초반에 주로 찾은 건 '강아지가 오줌을 참아요', '강아지가 편식을 해요', '강아지와 첫 산책하기', '강아지 첫 미용'과 같은 질문이었다. 거대한 우리에 비해 5kg 중반의 무늬는 너무 작고 약해서 새로운 시도를 할 때마다 한없이 조심스러워지곤 했다. 배변을 참는 건 산책을 하는 것과 연결된 문제였다. 비록 강경 실외배변파가 되어 실내에서는 배변하지 않게 되었지만, 산책을 시작하면서부터 배변을 참던 문제는 시원하게 쏟아지는 무늬의 오줌발만큼이나 시원하게 해결되었다.

하지만 사료를 골라 먹고, 입맛에 안 맞으면 아예 굶어버리는 무늬의 식습관은 해결하지 못했다. 무늬 입에 맞는 사료를 찾기 위해 1년 동안 30여 가지가 넘는 사료 샘플을 받아 가며 잘 먹나 안 먹나 테스트했다. 잘 먹다가도 변덕을 부리며 먹지 않는 무늬가 원망스러웠다. 먹지 않는 건 건강과 직결되는 데다 균형 잡힌 영양 섭취를 위해 잘 먹는 것만 주야장천 먹일 수도 없었다. 그래서 남편과 나는 책을 보기 시작했다. 반려견 영양학과 관련한 책을 찾아 읽으며 동결, 습식, 화식, 건식 등 사료 형태의 특성을 파악하고 사료 포장지에 적힌 인과 황의 비율, 조단백과 조지방의 비율, 칼로리 등을 체크했다. 책을 읽다 보니 반려동물종합관리사라는 민간 자격증이 있다는 걸 알게 되었다. 무늬와 함께 살기 위해서 영양적인 부분 외에도 반려견 위생과 건강, 사회성, 교육 등에 대해 알아야 함을 느꼈다. 내친김에 그 자격증도 취득했다.

무늬가 가장 어려워하는 건 밥 맛있게 먹기, 그리고 산책할 때 긴장감 낮추기였다. 무늬는 산책을 좋아하지만 무서운 게 너무 많은 아이였다. 공 튀기는 소리, 자전거와 킥보드 등 탈 것들 소리, 공사장 소리, 아이들 뛰어노는 소리, 그밖에 처음 듣는 낯설고 큰 소리를 들으면 그 자리에서 벌벌 떨며 걷지 않으려 했다. 그리고 정말 큰 소리가 나서 놀라면 갑자기 튕기듯 뛰어나가 차도와 인접한 곳에서는 매우 위험했다. 밖에서 놀라는 순간 무늬에게 우리 존재는 아무 의미가 없었다. 우리가 곁에 있는지도 모르는 것 같았다. 안아주면 품을 벗어나 뛰어가려고 네 발을 버둥거려서 우리 팔에 온통 무늬가 할퀸 발톱 자국이 생기곤 했다.

무늬의 기억 속에 공포를 남긴 과거를 우리는 어떤 식으로도 알아낼 길이 없어서 씁쓸했다. 무늬는 성견이 되어 구조되고 입양되었고 구조 이전에 무늬와 관계한 사람은 없었던 걸로 안다. 무늬의 어린 시절부터 함께 해주지 못해 아쉽고 속상했다. 무늬를 붙들고 앉아서 "무늬야, 어릴 때 킥보드 타고 공 튀기던 아이들이 널 괴롭혔니? 그래서 무서워하는 거야? 길에서 지낼 때 근처에 공사장이 있었어? 그래서 트럭이나 포크레인 소리가 너무너무 무서운 거니?"라고 물었다. 착한 표정의 무늬는 내 말에 귀를 기울여 줬지만 대답은 해주지 않았다.

무늬가 귀엽고 멋진 개인기를 갖는다거나, 우리의 말을 더 잘 알아듣기를 원한 건 아니다. 다만 앞으로 살아갈 세상에서 무늬가 좀 더 편한 마음을 가질 수 있기를, 무늬의 산책길이 좀 더 안전하기를 바라는 마음이 전부였다. 전문가의 도움을 받을 차례가 온 것 같았다. 지자체와 반려동물 구조 단체에서 진행하는 강아지 매너 교육이나 산책 교육 원데이 클래스에 등록했다. 그곳에서 낯선 사람을 만나고 소통하며 친해지는 경험이 무늬에게 도움이 되었다. 하지만 그곳에 오는 아이들 중에서도 무늬는 가장 겁이 많고 조심성이 큰 아이었다.

외부 환경과 낯선 사람을 무서워하는 무늬. 무늬와 우리의 관계는 더할 나위 없이 단단해진 것 같아서, 내가 교육해 보면 어떨까 싶었다. 클릭커라는 도구로 교육하는 KPA(Karen Pryor Academy) 자격증 과정이 마침 한국에도 개설이 돼서 기본 교육 과정을 이수하고 자격증을 또 취득했다. 과정에서 배운 것을 무늬와 함께 해 보았다. 어설픈 리드였지만 익숙한 집에서 해서 그런지 외부 교육장에서 할 때보다 잘 따라주었다. 이 와중에 무늬는 클릭커의 딸깍 소리도 무서워했다. 튜터분께 말씀드려 볼펜 딸깍거리는 소리로 교체해서 교육했다. 튜터도 클릭커 소리를 무서워하는 애는 처음 봤다며 무늬는 상위 1% 겁쟁이일 거라는 농담을 주고받았다.

KPA 과정을 이수하며 이 교육 방법을 기반으로 반려견의 매너 교육을 진행하는 사설 교육기관을 알게 되었다. 개인 공간에서 보호자, 반려견, 코치가 맞춤 교육을 진행하는 곳이라 비용이 조금 들었지만 상담을 해본 결과 무늬에게 잘 맞을 것 같아서 진행하게 되었다. 다른 개친구들보다 무늬의 진도가 확연히 늦었다. 처음 3~4번은 낯선 공간, 처음 보는 코치에 대한 경계심을 낮추기 위해 그냥 간식 먹고 놀다 오는 시간을 보냈다. 낯선 곳에서 식음을 전폐하는 고고한 무늬는 당연히 첫 시간과 두 번째 시간까지는 간식도 먹지 않았다. 1회 1시간에 제법 비싼 수업료가 이렇게 허무하게 날아가는 건가 싶었다. 다행히 무늬는 조금씩 나아졌다. 미약한 움직임이었지만 코치님을 보며 살짝 꼬리를 치며 반기기 시작했고, 허들 넘기처럼 몸을 움직이는 교육 때는 주로 나의 리드에 맞춰서 그런지 생각보다 적극적으로 참여해 우리 모두를 놀라게 했다.

1:1 교육을 받으며 무늬의 사료 편식은 완벽히 고쳐졌다. 무늬는 여전히 겁쟁이고 앞서 말한 소리들에 대한 공포를 극복하지 못했다. 하지만 모든 면에서 미묘하게 변했다. 이를테면 낯선 사람이 집에 와도 온몸을 부들부들 떨지 않고 다가가서 냄새를 맡고 휙 도망가는 정도의 적극성이 생겼다. 익숙한 산책길에서는 산책 도중에 앉아, 터치 같은 가벼운 움직임을 따르고 간식도 받아먹게 되었다. 우리는 무늬와 제주도 한 달 살기도 할 수 있게 되었다. 주로 무늬와 내가 제주에 머물고 남편은 주말에 오갔는데 무늬와 내가 할 수 있을까 싶어 망설였던 꿈의 여행을 봄에 1번, 그해 겨울에 1번 다녀왔다. 어느덧 무늬는 낯선 곳에서도 가족과 함께라면 밥도 잘 먹고 잠도 잘 자는 멋진 아이가 되어 있었다.

일상생활에서 불안을 줄여 나가는 중이고 밥도 잘 먹는 무늬는 최근 건강검진에서 대체로 매우 건강하다는 결과를 받았다. 몸무게도 1kg 늘어 6kg를 유지하고 있다. 나와 남편과는 서로를 완벽히 믿고 있기에 함께라면 어디든 갈 수 있을 것만 같다. (지난가을 무늬와 우린 무려 비행기도 함께 탔다!) 누군가에겐 한없이 부족한 무늬지만 우리에게는 완벽한 강아지다. 무늬가 '누구에게나'가 아니라 '우리에게나' 완벽한 강아지라 우리는 서로의 부족한 면을 맞대고 채워 더 꼭 끌어안을 수 있게 되었다.

우리가 임시보호를 할 수 있을까?

💕 이제 무늬와 우리의 관계는 믿음 하나만으로도 충분히 설명할 수 있는 사이가 되었다. 그즈음 임시보호를 해보고 싶다는 생각이 싹텄다. 조금씩 결심이 서기 시작했을 즈음, 그럼에도 가장 걱정했던 건 무늬가 임시보호 강아지와의 동거를 받아들일 수 있을지에 대한 것이었다. 무늬의 조심성과 성향에 대해 이미 설명했지만, 무늬는 보통의 사람들이 떠올리는 반려견과는 다른 아이였다. 입양 초기 이런 일도 있었다. 시도보호소에서 무늬를 구조한 동물보호단체의 공고를 보고 입양 신청을 했더니, 구조단체 관계자는 오히려 우리를 말렸다. 무늬의 입양을 다시 생각해 보라며.

"무늬는 사람을 따르고 좋아하는 보통 개와 달라요. 길에서 무슨 일이 있었던 건지 사람을 전혀 따르지 않아요. 임보처에서도 며칠 동안 한 자리에 누워 밥도 안 먹고 배변도 하지 않았어요. 데리고 가신다 해도 아마 3달 정도는 산책은커녕 아무것도 하지 마시고, 그저 방 한 칸 내어주시며 밥 주고 물주고 배변패드 갈아주시는 정도만 접근하셔야 할 거예요. 무늬가 마음의 문을 열 때까지 마냥 모른 척하며 지내셔야 할 수도 있어요. 그래도 괜찮으시겠어요? 사나흘 더 생각해 보시고 결정하세요."

임시보호 가정에 무늬를 데리러 갔던 날 무늬는 임시보호자에게 안겨 있는 상태에서 오줌을 쌌다. 무사히 집에 데려와 보니 언제 그랬는지 켄넬에 싸 놓은 똥을 깔고 앉아 있었다. 나중에 알았는데 당시 무늬의 임보자는 소변을 지린 무늬의 행동에 놀랐을 우리가 무늬 입양을 취소하겠구나 생각해서 다시 돌아올 무늬를 맞이할 준비를 했다고 한다. 집에 와서도 처음 실려 온 켄넬에서 하루 종일 머물길래, 밥도 먹고 배변도 해야 할 것 같아 켄넬을 기울여 겨우 꺼냈다. 방 한편에 마련해 둔 반려견 침대로 옮겨 줬는데 4일가량을 꼬박 그곳에서 꼼짝도 하지 않았다. 5일째에도 배변을 참는 무늬를 근심스럽게 바라보다 날이 밝으면 무슨 수라도 써보자 결정하고 잠자리에 들었다. 침대에 누워 무늬 방에 설치한 웹캠을 봤는데 무늬가 침대 프레임 부분에 위태롭게 올라서 있었다. 왜 그러지? 하고 가서 보니 오래 참았던 소변을 침대에 한가득 하고는 축축해져서 누울 수 없었던지 프레임 부분에 올라서 있었다.

입양 일주일가량 되었을 무렵, 산책을 하기 위해 실내에서 하네스와 리드줄 착용 연습을 하고 있었다. 잠시 한눈을 판 사이 무늬가 하네스의 플라스틱 버클 부분을 씹어 작은 조각을 삼켰다. 초보 반려가족이었던 우리는 덜컥 겁이 나서 무늬를 데리고 곧바로 병원에 갔다. 남은 버클 부분을 챙겨 가서 어느 정도 삼켰는지를 보여드렸더니, 수의사가 크게 웃으며 "애걔, 이렇게 작은 조각을 삼킨 거군요. 이거 다 똥으로 나와요. 걱정 마세요."라고 말해 우리의 걱정과 긴장을 한순간에 날려줬다. 무늬가 집에서는 배변을 참는 것 같다고 하자 수의사는 어쩌면 실내배변을 해본 적 없는 아이일 수 있으니, 줄을 단단히 매고 집 앞에 데리고 나가서 짧게 바깥 구경을 하고 실외 배변을 할 기회를 주는 게 좋겠다고 말했다.

하네스와 리드줄을 착용하는 건 어렵지 않았다. 하지만 움직이려 하지 않아서 안아서 이동해야 했다. 안아 올릴 때마다 곧바로 그 자리에 오줌, 혹은 똥을 쌌다. 안지 않고 리드줄로 이동 방향을 알려줘 함께 걸으려 해도 실수. 어찌어찌 현관을 벗어나 엘리베이터 앞에 와도 실수. 배변 실수의 연속이었다. 이웃에게 피해를 주면 안 되니 언제나 남편과 2인 1조로 움직여 한 사람이 무늬를 챙기고, 한 사람이 무늬가 한 실수의 흔적 말끔히 치우기를 맡았다. 키친타월, 품백, 물티슈, 탈취제를 챙겨 들고 엘리베이터가 1층에 도착하기 전까지 무늬의 실수를 깨끗하게 치웠다.

하지만 무늬는 거짓말처럼 빠르게 나아가기 시작했다. 매일 두세 번씩 집 밖으로 나가는 연습을 하자 무늬의 배변 실수는 현관에서 엘리베이터로, 다시 집 앞 화단으로, 집 바로 옆 놀이터 화단으로, 길 건너 공원으로 점점 멀어지다 어느 순간 갑자기 어엿한 실외배변견이 되었다. 무늬는 새로운 환경, 경험을 대체로 무서워했다. 온 몸을 덜덜 떨 정도로 무서워했고 무서워지면 밥도 물도 마시지 않고 우리의 부름도 듣지 못했다. 그런데 이 겁보는 산책을 해나갔던 것처럼 다른 새로운 일 또한 하루하루 천천히 자신만의 속도로 돌파했다. 자동차를 타는 것도 너무 무서워해서 혀가 땅에 닿을 정도로 늘어져 가쁜 숨을 헐떡였지만, 기회 될 때마다 짧은 거리를 이동할 때 차를 탔더니 점점 나아져서 차크닉도 하고 4~5시간 거리의 장거리 여행지도 함께 다니게 되었다.

반려견 운동장 같은 곳도 무늬와 갈 수 있을 거라 생각 못 했는데, "혹시?" 하는 마음에 슬쩍 평일 문 여는 시간에 맞춰 한가한 타이밍에 기습했다. 구석에 앉아 꼬리를 말아 넣고 덜덜 떨고 있어서 30분 만에 나왔던 첫 경험을 거쳐, 여러 번의 짧은 경험을 통해 이젠 흙먼지를 일으키며 운동장을 가로질러 새 친구에게 다가가 인사를 건네는 멋진 아이가 되었다니. 쓰고 있는 나조차도 믿어지지 않는 일이지만 무늬는 결국 해냈다. 무늬의 변화에 맞춰 정기적으로 만나는 강아지 모임에서 강아지 친구와 그들의 보호자와 친해졌다. 개친구 보호자를 보며 꼬리를 흔들고 플레이바우 자세로 장난을 치기까지는 2년 정도 걸린 것 같다.

　　결국 무늬는 다 해냈다. 물론 여전히 겁이 많고 의심이 많다. 새로운 공간에서는 긴장도가 높아 돌봄이 필요하다. 하지만 처음 무늬의 모습을 안 우리에게 무늬는 기적 같은 변화를 해낸 아이라서 더 이상 바랄 게 없다. 우리는 무늬 곁에 그저 가만히 있다가 도움이 필요하면 조금 움직였다. 용기 내서 자신의 세계를 넓혀나간 작지만 큰 강아지 무늬의 변화를 보며 짐짓 고민했다. 어쩌면 가족을 기다리는 아이 중에 우리 같은 보호자와 우리 식의 도움이 필요한 아이가 있지 않을까. 그 아이의 세계가 넓어져서 먼 곳에 있는 가족과 닿을 수 있기까지 곁에서 우리가 할 수 있는 일이 있지 않을까. 그 생각은 무늬 입양 1년 차, 임시보호를 결심하게 된 출발이 되었고, 그로부터 3개월 후, 펠라보다 먼저 돌보았던 우리 가족의 첫 임시보호견 달이를 만났다.

TIP. 임시보호 중 체크해야 할 것

　우리는 성견이 된 무늬를 입양했다. 그래서 우린 무슨 수를 써도 평생 무늬의 어린 시절에 대해 알 길이 없다. 그 생각을 할 때면 나와 남편은 아주 가끔 울적해진다. 이렇게 귀여운 무늬의 부모견은 어떻게 생겼으며, 무늬는 어디에서 태어나 어떤 풍경을 보며 자랐을까. 아이들의 목소리와 움직임을 특별히 무서워하는 공포의 근원은 어떤 기억에서 비롯한 걸까. 무늬의 과거를 알면 좀 더 잘 도와줄 수 있을 텐데. 버렸다고 탓하지 않을 테니 누군가 나타나 속 시원하게 무늬의 과거를 말해주면 좋을 텐데. 이 안타까운 마음은 임시보호견의 아주 사소한 이벤트도 '혹시 모르니'의 정신으로 기록하는 습관을 갖게 했다. 반드시 나타날 임보견의 평생 가족의 마음이 우리와 닮았다면, 내가 만나기 전 아이의 모습에 대한 아주 작은 것이라도 알고 싶으리라. 실제 임시보호처에서의 사소한 기록은 입양 후 임보견의 성장, 건강, 행동, 습관 등과 관련해 꽤 중요한 정보가 될 수 있다. 그와 함께 임시보호를 하는 중에 가급적 조심해야 할 사항들도 함께 적어 보았다. 이 글 역시 새로 임시보호를 시작하는 분들이 지푸라기라도 잡고 싶은 심정이 되었을 때 작은 도움이 되기를 바라는 불굴의 '혹시 모르니' 정신으로 써 본 것이기도 하다.

많을수록 좋은 사진과 영상

개는 금방 자란다. 자고 일어나면 갑자기 쑥 커져서 놀란 적도 있다. 임보견의 성장을 볼 때면 대견하다가도 문득 '아이고, 이 귀여운 모습을 하루라도 빨리 가족분들이 보셔야 하는데!'라는 안타까움이 밀려온다. 개의 시간이 인간과 다른 속도로 흐른다는 걸 알기에 더욱 그렇다. 그러니 최대한 많은 사진과 영상을 남겨서 가족분들에게 전달하자. 산책하거나 외출할 때 멋진 사진을 찍으면 좋지만 생각보다 어려우니, 집에서만큼이라도 늘 핸드폰을 주머니에 넣고 다니는 게 좋다. 언제 어디서 갑자기 미치게 귀여운 표정과 행동을 할지는 알 수 없다. 그래서 우연히 영상을 찍는데 귀여운 개인기라도 하면 정말 뿌듯하다. 아이의 개성을 드러낼 수 있는 사진과 영상은 입양 홍보를 할 때도 큰 도움이 된다. 임시보호를 하는 동안에는 핸드폰 사진첩에 무늬 사진보다 임보견의 사진이 늘 더 많다. 혹시 어떤 사진을 어떻게 찍어야 좋을까 고민이면 그럴 거 없다. 고민할 시간에 한 컷이라도 더 남겨보자. 10장 찍으면 1장은 귀엽게 나온다. 모든 개는 이미 태어날 때부터 귀여움을 잔뜩 장착한 최고의 피사체니까.

접종 일자, 내외부 기생충 약 복용, 병원 진료기록

병원마다 기록이 되고 문자나 메신저에도 흔적이 남긴 하지만 정작 입양가족에 전달할 때 취합하여 정리하려 하면 누락될 수도 있다. 그러니 그때그때 바로 적어 놓자. 날짜, 병원명, 담당 수의사, 처치 내용, 접종 기록, 처방 및 복용약 정도만 간단하게 기록해 놓아도 아이를 맞이한 가족분들께는 유용한 정보가 될 것이다.

심장사상충, 내부 기생충, 구충제 복용 및 도포 일정

심장사상충같은 내부 기생충 감염을 예방하는 약은 정기적으로 먹어야 한다. 종류가 다양하고 복용 주기가 1달 혹은 3달처럼 조금씩 다르다. 약의 이름과 복용 혹은 도포 날짜를 정확하게 기재해 주면 약효가 끊이지 않고 예방할 수 있게 되어 좋다. 기억하기 쉽도록 매달 1일, 15일, 30일처럼 특정 날짜에 맞춰서 먹이는 것도 좋다.

좋아하는 사료와 간식, 영양제

개의 주식인 사료는 건식, 습식, 화식, 생식 등 형태가 다양하다. 가장 대중적인 건식과 습식을 기준으로, 우선 임보견이 먹는 사료의 종류와 하루 섭취량을 메모해 두자. 특별히 신나고 기분 좋게 잘 먹는 사료가 있었다면 기억해 뒀다 가족에게 전달해도 좋다. 그 사료의 성분과 맛을 기반으로 사료에 대한 아이의 기호성을 유추할 수 있다. 간식과 유산균, 오메가3 등의 기본 영양제도 상품이 매우 많으므로 임보처에서 잘 먹던 것을 메모해 전달하자. 개들도 음식 성분에 따라 섭취 시 알레르기 반응을 보이기도 한다. 상대적으로 채소보다는 소고기, 돼지고기, 양고기 등 육류와 연어, 새우, 북어 등 어패류 등에서 알레르기가 나타날 때가 많다. 먹고 나서 탈이 없는 사료, 간식, 영양제 등을 안다면 가족과 만남, 새집에서의 적응 시 좋은 컨디션을 유지할 수 있을 것이다.

튼튼한 하네스와 목줄을 사용하고, 가급적 이중줄 하기

그래서는 안 되지만 임시보호를 하는 중 임보견을 잃어버리는 경우를 왕왕 목격했다. 콜링과 콜백이 안되는 아이인 데다 아직 보호자와 제대로 관계가 형성되지 않은 상태에서 산책을 강행하는 것도 문제지만, 더 속상한 것은 하네스나 목줄이 풀려서 아이를 놓치는 사고다. 이는 변명의 여지 없이 안일한 태도로 임보견을 돌본 보호자의 책임이다. 하네스와 목줄, 리드줄은 임보견와 임보자를 잇는 단 하나의 생명줄이다. 임시보호견이 어떤 지옥에서 구조되어 새 삶을 살게 되었는지를 기억한다면 하네스와 목줄, 리드줄을 고를 때 디자인 같은 건 눈에 들어오지 않을 것이다. 무조건 튼튼하고 견고한 상품을 고르자. 조금만 검색하면 풀림 사고가 적었던 브랜드와 형태에 대한 정보를 찾을 수 있을 것이다. 요즘엔 이중 목줄을 하거나 목줄과 하네스를 동시에 착용하는 경우도 많다. 그리고 아무리 유대감이 쌓여도 사방에 펜스가 둘린 사유지가 아니라면 무모하게 오프리쉬 하지 말자. 잘 따라오는 아이도 고양이 같은 타 동물의 출연, 통제할 수 없는 갑작스러운 큰 소리와 같은 낯선 자극에 돌발행동을 할 수 있다.

3. 달이

"너는 우리에게 다 주고 갔잖아."

나의 첫 번째
임시보호 강아지, 달

무늬를 구조해서 우리가 무늬를 입양할 수 있도록 우리 사이의 다리가 되어준 동물 구조 단체 다온레스큐의 인스타그램을 팔로우하고 있었다. 1년 전만 해도 무늬 또한 시보호소의 좁은 철장에서 지내다 임시보호처를 전전하던 떠돌이였다. 여전히 인스타그램에는 하루에도 몇 개씩 무늬와 비슷한 표정을 한 아이들의 사진이 올라오곤 한다. 꼬박꼬박 전해지길 바라는 마음을 담아 손가락 끝에 잔뜩 힘을 실어 '좋아요'를 누르지만 단 한 번도 좋지 않았다. 내 마음과 달리 눈치 없이 차오르는 새빨간 하트가 야속했다.

무늬와 함께 보내는 두번째 여름, 핸드폰 액정 속의 병원장에서 사진이 찍힌 듯한 한 아이와 눈이 마주쳤다. 무늬도 다니고 있는 병원 입원장이라 더욱 익숙했다. 구조 후 기본 검진을 위해 무늬도 잠시 머물렀을 그 입원장. 아이의 이름은 '달이'라고 했다. 온몸을 보송보송한 검은 털이 덮고 있었고 귀는 뾰족, 눈은 동그랗고 처진 게 볼수록 순둥한 인상이었다. 남편과 상의도 안 한 채 홀린 듯 단체에 연락했다.

반려가족과 구조 단체 등에서는 희한하게 10kg이 넘는 검은 모색의 개가 환영받지 못한다는 말이 돌곤 하는데, 믿지 않으려 했지만 역시나였다.

달이는 가장 오랫동안 병원 입원장 신세를 지고 있었다. 자기보다 늦게 온 작고 하얀 개친구들이 하나둘씩 임보처를 찾거나 입양을 갈 동안 동그란 눈을 끔벅거리며 밤낮으로 병원을 지키고 있었다. 때마침 단체에서는 새롭게 구조한 유기견 아이들이 또 한차례 병원 신세를 질 예정이라 입원장 자리를 비워야 하는 상황이었다. 단체 관계자는 내게 달이를 언제 데려갈 수 있는지 물었다. 결정하지 않은 채 가볍게 연락을 한 나의 경솔함을 만회하기 위해 재빨리 남편에게 연락했다. 이전부터 꽤 오랫동안 임시보호에 대해서 이야기해 왔기에 남편은 나와 무늬만 괜찮다면 당연히 OK라고 했다. 그런데 그 주 주말 가족 행사 일정이 있어서 주말에 집을 비워야 하는 일정을 뒤늦게 체크했다. 임시보호견을 동행할 수 없는 일정이라 아이 픽업이 대략 사나흘 뒤에나 가능할 것 같다고 했다. 단체에서는 현재 임보 의사를 밝힌 분이 몇몇 있긴 하니 여건이 되는 분 가운데 되도록 빨리 오실 수 있는 분께 달이를 보내야 함을 양해해 달라고 했다.

알겠다고 말씀드릴 수밖에 없었다. 아쉽지만 연이 아닌가 싶었다. 그렇게 잠시 달이를 잊었다.

가족 행사를 다녀오고도 며칠이 지났다. 임시보호처로 간 달이의 소식이 궁금해져서 피드를 찾아봤다. 뭔가 이상했다. 원래 임시보호처를 구하게 되면 게시물이 수정되어야 하는데, 달이의 게시물은 '임시보호처 구함' 그대로였다. 단체 담당자에게 연락했다.

"○○님, 달이 임보처로 잘 갔나요?"
"달이 아직 못 가고 병원에 있어요. 저희가 지금 구조한 아이들이 많아서 여력이 안 나네요. 더 적극적으로 알아봐야 했는데."
"어머, 그렇군요. 나중에 갈 임보처가 정해진 것도 아니고요?"
"병원 유리장 안이 좁고 답답할 텐데 애가 착해서 그런지 한 번도 찡찡거리지 않더라고요."
"…"

재택근무 중이던 남편에게 단체와 나눈 대화 내용을 보여줬다. 우리는 달이가 다시 준 기회를 놓치고 싶지 않아서 신속하게 결정을 내렸다. 마침 달이가 머무르고 있는 단체의 협력병원이 집에서 가까웠다. 곧바로 단체 담당자에게 달이 임시보호 의사를 밝힌 뒤, 남편의 점심시간을 이용해 달이가 있는 병원으로 달려갔다. 달이의 첫인상은 '낯설다'였다. 어딘지 쑥스러워하는 것 같은 표정의 달이만큼이나 첫 임시보호를 결정한 뒤 생각보다 빠르게 임시보호견을 직접 만나게 된 우리도 적잖이 어리둥절했던 것 같다. 조금 뚝딱거렸지만 정신 차린 뒤 하네스를 채워보려 달이에게 다가가 앉았다. 8kg이라고 들었는데 장모견이라 그런지 6kg인 우리 집 반려견 무늬보다 많이 듬직해 보였다. 무늬가 쓰는 하네스의 가동 범위를 최대로 늘려서 가져왔는데 혹시 작으면 어쩌나 걱정되었지만 머리 부분이 쏙 들어가는 걸 보며 '아, 달이 너 털찐 거구나. 쪼끄미 같으니라고.'라 생각했다.

달이는 전혀 비협조적일 의사가 없어 보였지만 하네스와 리드줄이란 도구를 착용해 본 게 처음인 인지 영 어색해 보였다. 갑자기 교탁으로 불려 나가 자기소개를 해야 하는 초등학생처럼 쭈뼛거렸다. 수의 테크니션 선생님이 능숙하게 잡아주셔서 겨우 하네스를 채웠다. 병원과 집은 차로 10~15분 거리였다. 길지 않은 시간 동안 뒷자리의 카시트에 탄 달이는 혀를 내밀고 헥헥거리며 긴장감을 표현했다. 분홍 혀끝에 맺힌 침이 적당히 묵직해질 때마다 리드미컬하게 뚝뚝 바닥에 떨어졌다.

집으로 향하는 차 안에서 긴장한 탓에 심장은 두근두근, 몸은 한껏 뜨끈뜨끈해진 달이를 안고 나니 실감이 났다. 우리가 이 한없이 무해하고 상냥하기만 한 생명체를 보호하게 되다니. 집에 가면 당장 해야 할 무늬와의 합사가 내심 걱정되면서도 어딘지 모르게 기대감을 닮은, 싫지 않은 긴장감이 온몸을 감쌌다. 우리 집에 달이가 오다니. 나와 남편의 삶이 우리가 원하던 지점에 가까워지기 위해 방향을 틀었던 결정적인 순간이었다.

솔이는 솔이, 무늬는 무늬, 그리고 달이는 달이

💕 개를 바라보는 내 눈에는 '솔이'라는 필터가 씌워져 있었다. 솔이와의 삶은 세상의 수많은 개와 나를 연결하는 관문이었다. 내 인생에 노크도 없이 불쑥 나타난 개 솔이는 나뿐 아니라 준비가 덜 된 미흡한 반려인이었던 우리 가족의 어설픈 보살핌에도 영특한 기지를 발휘하며 건강하게 자랐다. 우린 운이 억세게 좋은 반려 가족이었다. 어설픈 배변훈련도 잘 따라줘서 며칠 만에 실내에서 배변을 가리더니 접종을 마치고 산책을 시작하자 실내에서는 배변을 안 하고 실외 배변만 하게 되었다. 밥을 먹을 때 입 주변에 음식을 묻히지 않았고, 산책할 때 물웅덩이를 피했으며, 배변 후 잔여물이 항문 근처에 묻는 걸 싫어하던 깔끔한 깍쟁이였다. 교육한 적 없음에도 언니, 오빠, 아빠, 엄마처럼 가족 구성원의 미묘한 명칭도 구분할 수 있었다. 고구마, 간식, 양배추 등 자기가 좋아하는 음식도 좋아하는 정도에 따라 반응의 진폭을 달리했던 걸 보면 음식 이름도 구분하는 듯했다. 스케일링과 수술 때 했던 마취에서도 늘 건강히 일어나 보란 듯이 회복했고, 16살이 된 지금도 솔이답게 기품 있게 늙어가고 있는 아이다.

무늬를 입양한 후 한동안 나와 남편은 "무늬는 다르구나."라는 말을 자주 했다. 무늬는 5kg 후반 정도의 작은 아이였고 입양 초기에는 더 말랐었다. 도시에서 태어나 어릴 때부터 사람과 어울리며 살아온 솔이는 인간이 만들어 낸 것들을 자연스럽게 받아들였다. 이를테면 엘리베이터, 아파트 관리실에서 송출하는 방송 소리, TV 소음, 핸드폰 벨소리처럼 개에게는 낯설고 무용한 생활 소음이 언제나 솔이의 일상을 채우고 있었기에 특별하게 반응하지 않았다. 어떤 환경에서 태어나 자랐는지 알 수 없는 무늬는 산책을 처음 나갈 때부터 인간이 만들어 낸 모든 자극을 두려워했다. 엘리베이터를 타고 아파트 현관까지 나가기까지 일주일가량 걸렸다. 나가서도 자전거 소리, 아이들이 공차는 소리, 화물차가 지나가는 소리, 공사 소음 등 인간이 만들어 낸 큰 소리에 빠짐없이 놀람으로 반응했다.

솔이는 가만히 다가와 등을 보이고 앞에 앉으면 쓰다듬어 줘야 했다. 앞서 말한 '코치기'는 사람의 손에서는 늘 좋은 것이 나온다는 강한 믿음이 만든 행동이었다. 기분이 좋을 때는 배를 보이고 누워서 장난을 걸기도 했다. 무늬는 애교라고 칭하는 자기 의사 표현을 하기까지 무척 오래 걸렸다. 솔이에 비해 무뚝뚝했지만 조금 친해지면서부터 자신만의 애교를 보여주기 시작했다. 안보는 척하다가 갑자기 고개를 확 돌려 입을 뻐끔거린다. (짖을 때의 입과 비슷하나 소리는 내지 않는다.) 네 발을 다 뛰며 동동거리면서 몸의 방향을 이리 저리로 바꾼다.

상상이 잘 안 되겠지만 실제로 보면 이 세상 애교가 아니게 느껴질 만큼 압도적으로 귀엽다.

솔이와 산책을 나가면 솔이는 보호자를 지키려는 듯 용맹하고 호전적인 모습을 보이곤 했다. 몸집이 큰 편이기도 하고 리더십이 있는 편이라 고양이나 새를 만나면 내 앞에 나서서 꼬리와 엉덩이를 바짝 세우고 경계하는 모습이 멋있었다. (이 마음이 솔이의 공격성을 부추긴 것 같아서 반성하고 있다.) 무늬는 천상 공주처럼 굴어 보호자를 호위무사로 변하게 했다. 바들바들 떨어 결국 안아주면 품에 안겨 주변을 경계했다. 같은 개여도 이렇게 다르구나를 깨닫는 시간이었다. 그 시간을 보낸 후 유행어는 자연스레 사그라들었다.

달이를 임시보호하며 '달이는 솔이와도, 무늬와도 다르구나.'라는 생각을 하게 되었다. 솔이와 무늬와 달리 달이는 사람에 대한 경계가 없었다. 병원 테크니션 선생님들의 터치에도 순종적이었고 우리 집에 온 첫날 우리에게 배를 보여줬다. 까칠한 두 아이를 케어하다 순둥한 얼굴로 스킨십을 느끼는 달이를 본 나와 남편은 조금 놀랐다. 입이 짧은 두 아이에 비해 달이는 식사를 준비하는 시간 전 점프를 뛰며 노래를 부를 정도로 먹성이 좋았다. 작은 주사위 크기 정도 되는 캐러멜 같은 제형의 외부 기생충 약을 작은 조각으로 나눠 밥에 섞어도 약만 싹 골라내고 먹는 무늬와 달리, 달이는 혹시나 싶어 툭툭 잘라 하나씩 줬더니 간식을 받아먹듯 신나게 삼키고는 "또 주세요! 또 없나요?" 라 말하는 듯 기대하는 표정을 지었다. 산책할 때도 자신만의 세계에 빠져 몰두하는 솔이와 무늬에 비해 달이는 리드줄로 연결된 끝부분에 서 있는 나와 연신 아이컨택을 하며 자신과 보호자의 거리를 살폈다.

  솔이와 무늬를 겪고도 결국 달이를 겪고 나서야 개도 사람처럼 자라온 환경, 부모견의 유전적 영향, 건강 상태, 컨디션, 어쩌면 태생적으로 타고난 기질로 인해 모두 다른 성격을 가지고 있음을 알았다. 그리고 그 생각에 닿고 나서야 '달이는 왜?'에서 벗어나 달이를 온전히 달이로 바라볼 수 있게 된 나의 어리석음을 깨달았다. 달이 마음대로 하게 두는 건 아니지만, 달이가 하고 싶은 산책 방식, 달이가 원하는 스킨십과 놀이 방법, 달이가 좋아하는 인사에 대해 기억하고 꼼꼼하게 관찰하고 기록했다. 훗날 달이의 평생 가족이 되실 분이 읽고 도움이 되었으면 하는 마음에서. 사람도 다 다른데 개는 왜 비슷할 거라 생각했는지 띄엄띄엄 돌아가는 인간 중심적인 편협한 사고방식이 부끄러웠다. 그리고 다짐했다. 달이 이후에 다음 임시보호를 하게 된다면 그때는 꼭 강아지 일반화의 함정에 빠지지 않으리라.

달이와 무늬의
동거 아닌 동거

 "이제 임시보호를 해도 될 것 같아."

우리가 임시보호를 할 준비가 되었는지를 가늠하는 척도는 무엇보다 무늬의 안정과 적응이었다. 입양 1년, 무늬는 밖에서는 여전히 만물을 무서워했지만, 집에서의 생활은 제법 안정을 찾아갔다. 나, 남편, 그리고 자기가 함께 사는 곳이 '집'이란 걸 인지한 것 같았고, 집에서 좋아하는 자리가 가장 안전한 곳이라고 생각하는 듯했다. 무늬를 입양하고 얼마 지나지 않아 이사를 했는데, 새집에서는 집 여기저기를 다니며 냄새도 맡고 편한 공간에서는 털썩 누워서 낮잠을 자기 시작했다. 무늬에게는 정말 큰 변화였다. 이전 집에서는 주로 생활하는 거실과 잠을 자는 안방 외에는 돌아다니지 않던 아이였다. 집 여기저기에 무늬가 좋아하는 푹신한 침대를 놔 주었다. 이젠 옷방도 쏙 들어가서 바닥에 깔린 러그의 감촉을 느끼며 폴짝폴짝 뛰며 까불고, 불 꺼진 서재방도 혼자 탐색하는 모험왕이 되었다. 나와 남편이 있는 공간에 와 슬쩍 자리를 잡고 누워 쉬는 날이 늘어나면서 우리와 무늬 사이는 점점 더 단단해질 거라 믿음이 생겼다. 잠시 머물다 갈 친구도 기꺼이 품을 수 있을 만큼.

눈여겨보던 개들과의 상호작용도 정기적으로 모임을 갖는 개 친구들이 생기면서 훨씬 좋아졌다. 처음 무늬는 친구들을 만나도 어떻게 인사를 해야 할지, 놀아야 할지 몰라서 겉도는 꼬마 같았다. 성격 좋은 아이들이 다가와도 털썩 주저앉아서 부들부들 떨거나 제자리에서 빙글빙글 돌며 뭔가 불안하다는 메시지를 보냈다. 아무렴. 내게 임시보호는 언감생심이지. 무늬 하나라도 잘 돌보자며 임시보호에 대한 마음을 접었었는데, 나아지는 무늬를 보며 접었던 마음을 다시 펴서 착착 털었다. 지금까지 봐온 무늬는 불안함이 공격성으로 전이되는 아이는 아니었다. 무늬는 아무리 장난을 쳐도 인상을 찌푸리는 일도 없고 큰소리로 화를 낼 줄도 모르는, 반에 한 명씩 꼭 있는 엄청 착한 친구 같았다. 갑자기 사람과 살게 된 임시보호견에게는 오히려 조용하고 순한 무늬 같은 아이가 도움이 되지 않을까 생각도 했다. 막연히 모든 개들은 천사니까, 보호자인 우리가 상황을 파악하며 적극적으로 개입해 중재해 나간다면 3달 정도(보통 약속된 임시보호 기간)는 지낼 수 있을 거라 낙관했다.

그러나 인생도, 견생도 실전이다. 어느 정도 예상은 했으나 역시나 무늬와 달이의 사이는 위태롭게 삐걱거렸다. 1살일지 2살일지 모르지만 성견이 되어 구조된 무늬가 개의 사회화가 이루어진다는 퍼피 시절을 어떻게 보냈을지 우리는 알 수 없었다. 함께 구조된 아이 중 쏙 빼닮은 아이가 있어 아마 무늬와 동배로 추정했지만, 떠돌이 생활을 할 때 그 아이와 무늬가 함께 다녔을지 또한 확인할 수 없었다. 무늬는 낯선 달이와 한 공간에 있는 걸 불안해했다. 달이가 거실에 있으면 방에서 나오지 않았다. 거실에서 마주쳐도 펄쩍거리며 반가움을 표시하는 달이에게 마치 투명 망토를 씌워 안 보이는 것처럼 철저하게 무시했다. 달이가 다가오려고 해도 전혀 받아주지 않았다. 달이의 시그널 또한 무늬가 좋아서 그런 건지, 신기해서 그런 건지 애매했다. 술 한잔하며 서로 허심탄회하게 얘기할 수 있다면 좋을 텐데. 둘은 서로를 그닥 좋아하지 않는 것 같았다.

    무늬는 달이에게 관심을 보이지 않는 듯 무심하게 엎드려 있다가도, 달이의 동작이 크거나 짖음이 크면 몸을 떨며 자리를 피했다. 그런 무늬가 안쓰러워 달이를 타박하기도 했다. 하지만 퍼피답게 당연히 동작이 클 수밖에 없는 아기 달이로서는 억울했을 거다. 무늬와 달이의 눈치를 보는 우리의 피로도 쌓여만 갔다. 달이의 하우스를 방으로 옮겼다. 자연스럽게 달이의 주 거처는 방이 되었다. 밥을 먹을 때도 둘을 따로 두었다. 방을 자신의 공간으로 인식하기 시작한 달이는 방 앞으로 지나가는 무늬를 보며 으르렁거리기도 했다. 무늬는 사시나무처럼 떨며 안방으로 도망갔다. 둘의 사이는 더 좋아질 수 없었다. 집을 무늬와 달이의 공간으로 나눴다. 둘의 합사는 실패였다.

    한집에 함께 살지만 서로 만날 수 없는 두 강아지의 동거 아닌 동거. 속상할 줄 알았던 무늬와 달이의 합사 실패는 의외로 두 아이의 평온한 일상을 보며 위로를 얻었다. 집에 오면 두 아이의 눈치를 보던 나와 남편의 삶에도 안정이 찾아왔다. 달이는 나와 남편의 사랑만으로도 충분히 행복한 아이였다. 우리가 놀자는 사인을 보내면 바로 검은 털과 대비되어 새하얗게 보이는 배를 보이며 누워서 버둥거렸다. 가끔 무늬가 지나가거나 멀리 앉아있는 걸 봤지만 무심했다. 예전처럼 짖거나 다가가려 하지 않았다. 무늬도 마찬가지로 자신의 리듬을 찾아 평온하고 아늑한 시간을 보냈다. 달이가 보여도 늘 그랬듯 무시했고, 궁금해하지도 않았다. 억지로 친해지게 하지 않아도 되었다. 반합사도 합사라 할 수 있다면 우린 만족이었다.

    무늬와 달이는 산책할 때만큼은 사이가 좋았다. 둘 다 밖에 나가서 풀냄새를 맡고 바람을 훑으며 시원하게 실외배변을 즐겨서 그런 것 같다. 배변하고 나면 둘 다 더 신나 보였다. 무늬와 달. 나란히 걷는 흑과 백의 두 엉덩이가 햇빛에 반짝여 반질반질 바둑돌처럼 보였다. 인스타그램에 '바둑돌 자매'라고 올렸더니 팔로워 친구들이 웃으며 둘 사이를 응원해 주었다. 물론 글 말미에 진실을 밝히는 것도 잊지 않았다.

"여러분 바둑돌 자매 사이좋아 보이죠? 다 거짓말이에요. 얘네 둘은 쇼윈도 자매랍니다."

기존 반려견과 임시보호견의 합사는 보호자에게 내려진 숙제와 같다. 모험성이 크다 생각해서 주저할 수도 있지만 우리 집 강아지의 성격, 성향, 다른 개와의 관계 등을 면밀히 체크하면 내가 무늬의 태도를 예상했듯이 어느 정도 예상 가능하므로 임시보호를 하지 못하는 요인이 되진 않는다. 그리고 대부분의 구조 단체는 자신들이 파악한 임시보호견의 성향을 소개 피드에 상세히 적어두고 있다. 임시보호도, 가족도 자신에게 오는 모든 기회를 잡아야 하는 아이이기 때문이다. 물론 아이들의 성향은 환경과 상호작용하는 상대에 따라 완전히 바뀌기도 하지만, 중요한 것은 임시보호를 하기로 한 나와 가족이 개들 간에 일어날 수 있는 문제를 해결하기 위해 얼마나 준비했고 공부했느냐이다. 무늬와 달이에게는 조금 미안하지만 나와 남편은 실전에서 우당탕탕 허우적거리며 큰 공부를 했다. 무늬와 달이에게 진 빚은 다음에 올 임시보호견에게 더 능숙하게 대하는 것으로 갚아야겠다.

달이를 둘러싼 질문들

💕 아무렇게나 찍어도 곰돌이를 닮은 귀여운 얼굴 덕에 기분 좋아지는 사진, 보고 있으면 웃음이 나오고 마는 두툼하고 투박한 애교가 담긴 동영상 덕에 달이의 인스타그램 게시물에는 늘 생각보다 많은 좋아요 수와 응원의 댓글이 달리곤 했다. 하지만 풍요 속의 빈곤인 건지, 입양 문의는 거의 없었다.

드문드문 달이의 인스타그램 계정으로 DM이 오기도 했다. 입양에 대한 절차는 구조 단체에서 진행하고 있었으나, 달이의 성격이나 취향에 대해 물어보는 것이라면 입양하기 전에 고려할 만한 사항이라 생각했기에 임시보호를 하며 알게 된 것을 토대로 대답해 주곤 했다.

DM을 보내온 분 계정의 피드를 보며 어떤 사람일까 상상했었다. DM 대화창을 보며 대화하다 보면 그 프로필 사진이 말을 하는 것 같았다. 지금 생각하면 다들 최선을 다해 자신이 가진 사진 중 최고의 사진을 골라서 올려놓았던 것이었음에도, 그때의 난 달이에게 관심을 보내는 사람에겐 무한 애정이 있어서 그런지 프로필 사진만 보고 참 멋지고 다정한 사람일 거라 기대하곤 했었다. 그래서 그런지 그 상상을 깨버린 다소 속상했던 몇몇 문의들이 더 아프게 다가왔는지도 모르겠다.

우선, 반려견을 입양한다는 것에 대해 깊이 생각하지 않은 듯한 질문이었다.

'털 많이 빠지나요?', '똥오줌은 잘 가리나요?', '짖나요? 집이 아파트라 짖으면 안 되는데…', '스피츠 품종인가요?', '바로 데려갈 수 있나요?'

짖거나 배변 실수를 하는 불편을 감당할 수 없다면 입양을 재고하는 것이 백번 낫다. 하지만 입양가족을 찾는 아이의 인스타를 찾아서 직접 질문까지 할 정도면 저 정도의 질문은 충분히 혼자 답을 내려 필터링 해낼 수 있어야 하는 거 아닐까 싶어 야속했다. 개는 입력한 값이 출력되는 기계가 아니다. 개의 상태는 거주하는 환경에 영향을 받아 언제든 정반대로도 변할 수 있다. 양육 방식과 처한 환경에서 성격이 변하는 사람처럼. 그래서 저런 질문을 하는 분께 이렇게 되묻고 싶었던 걸 달이의 입양길에 누가 될까 꾹 참았다.

'털 많이 빠지는 아이면 버리실 건가요?', '침대 위에 배변 실수하면 시골 친척 집으로 보낼 건가요?', '짖으면 성대 수술시킬 건가요?', '품종견이 아니면 파양할 건가요?'

그리고 유독 많았던 질문은 달이의 크기에 대한 질문이었다.
'이 아이 얼마나 클까요?'(유기견이다 보니 부모견의 정확한 정보가 없어서 알 수 없습니다.)
'지금 많이 큰가요?'(8kg 후반인데 아직 성견이 아니라 더 클 수 있습니다.)
'보시기에 얼마나 더 클 것 같으세요?'(잘 모르겠습니다.)
'그래도 대충 얼마나 클 것 같아요?'(…)

이 질문을 하는 사람들의 특성은 무언가 내게 확인받고 싶어 하는 듯했다. 달이는 현재 8kg 후반이고 성견이 되지 않은 것으로 추정하므로 성장의 가능성을 열어두고 있다고 반복해서 대답했다. 하지만 질문자는 마치 아이의 최종 무게(?)를 내가 결정해서 선고 내려주기를 바라는 것 같았다. 달이가 내 예상보다 더 크면 내가 거짓말했다는 핑계로 파양에 대한 근거를 얻고 싶었던 걸까. 집요하게 묻는 사람들의 질문에서 선의인지 악의인지 구별할 수 없는, 그들의 마음속에는 있었을 어떤 종류의 의도를 어렴풋이 느꼈다.

달이는

"떠돌이 생활 중 구조되어 ○○시 보호소 이송 후 동물구조단체에서 구조, 나이 8개월 추정, 모색은 검정, 품종은 믹스, 몸무게는 10kg 정도 나가는 여자아이."

라는 간단한 프로필로 설명하기엔 훨씬 복잡한 존재다. 달이는 개와 사람과 관계 맺으며 출렁이는 마음의 갈피를 겹치고 포개며 시시각각 변화하고 있다. 달이를 설명하기 위해선 많은 단어와 문장을 고르고 골라야 한다.

임보하며 알아낸 달이의 이모저모를 위의 간략한 프로필에 끼워 넣어 보자면,

"산전수전 겪으며 각박한 길거리에서 살아남은 강인한 생명력을 가진 8개월 추정의 애어른, 모색은 아침에는 햇살을 품어 금빛보다 반짝이며 밤에는 은은한 달빛을 머금어 신비로운 푸른빛이 감도는 검정, 품종은 개성 넘치는 이목구비에 두툼한 발과 긴 허리를 가진 세상 하나뿐인 유일한 달이종, 내게는 못 보고 지나칠 수 있을 만큼 작고 작은 10kg, 사람이었다면 장군감이란 소리를 들으며 자랐을 당찬 여자아이."

정도랄까.

질문을 분리수거해가며 간절히 기원했다. 부디 달이를 띄엄띄

엄 보지 않고, 짧은 프로필의 행간 사이에 숨어있는 달이의 과거와 현재 그리고 미래의 모습까지 모두 한 품에 가득 안아줄 수 있는 사려 깊은 가족을 만나기를.

사랑은 분명
강아지 모양일 거야

달이의 중성화

달이가 중성화 수술을 하기로 한 날이 다가왔다. 구조 후 기초 접종을 하고 있었는데 마지막 접종을 한 날 중성화를 하기로 했다. 아무것도 모르는 달이는 늘 그렇듯 해맑은 얼굴로 아침 인사를 하고 밥을 맛있게 먹었고 몸을 여기저기에 부딪히며 우당탕탕 신나게 뛰어놀았다. 수술을 앞둔 개는 신났지만 정작 긴장은 나와 남편이 잔뜩 하고 있었다. 마취하고 수술하는 것이 무섭기도 하거니와, 생살을 찢고 꿰매야 하는 일이기에 분명 달이가 아파할 수 있는 일이라는 생각이 들어 걱정이었다.

무늬는 집에 두고 달이를 데리고 나왔다. 언제나처럼 신난 달이는 단독으로 산책하는 줄 알고는 경쾌한 발걸음으로 현관을 나섰다. 동네 공원 산책을 한 뒤 차에 태웠다. 이젠 카시트에서도 제법 잘 있지만 그날따라 안고 가고 싶어서 뒷자리에 앉아 달이를 무릎에 앉혀서 갔다.

접종을 하러 몇 번이나 왔던 병원이라 익숙한 모양이었다. 성격 좋은 달이는 병원을 무서워하지 않았다. 병원에서 만나는 강아지 친구들과 인사를 나누고 구조 이후부터 쭉 뵙고 지낸 테크니션 선생님과도 반갑게 인사를 나눴다. 달이를 병원에 맡기고 나와서 근처 카페에 가 있었다. 달이는 건강하고 특별한 문제가 없는 상태였기에 입원하지 않고 수술 후 마취가 깨는 대로 집에 데리고 가서 회복하기로 결정되었다.

남편과 차를 마시고 책을 보거나 컴퓨터를 하며 근처 카페에서 시간을 보냈다. 시간이 잘 가지 않고 곁에서 질척거렸다. 핸드폰 액정을 자주 확인했다. 시간 앞자리가 바뀌는 게 이렇게 더딘 적이 있었던가 싶었다. 안절부절못했던 시간도 끝은 있었다. 전화를 받고는 달이를 보러 한걸음에 달려갔다. 다행히 수술은 문제 없이 잘 되었다. 달이는 마취가 덜 깨었기도 했고 고단한 여정을 보내서 그런지 몽롱한 표정이었다.

조금 늘어진 달이를 품에 안고 집으로 왔다. 환부를 혀로 핥거나 건드리면 위험할 수 있으니 목에 플라스틱 넥카라를 차고 있다. 자기 침대에 늘어지려 했는데 넥카라 때문에 자세가 잘 안 나오는 모양이었다. 불편해 보였지만 잠시 후 엎드려서 눈을 꼭 감았다. 그러고 내리 두세 시간을 자는 것 같았다. 달이가 아프긴 아픈 모양인가보다 싶어서 푹 자도록 조용히 다녔다. 꽤 오래 잠을 잔 뒤 일어난 달이에게 밥을 줬다. 늘 먹는 사료에 북어와 소고기를 올려줬다. 입맛은 잃지 않았는지 언제나처럼 와구와구 순식간에 비우고는 정성스럽게 밥그릇을 핥아 설거지까지 마쳤다.

그날 저녁, 달이는 언제 수술을 했냐는 듯 어제처럼 우당탕탕 뛰어다니며 놀기 시작했다. 좋아하는 장난감 인형을 입으로 물고 던지며 놀길래 저러다 수술 부위가 벌어지면 어쩌나 싶어 인형을 숨겨두었다. 그리고 옆에 앉아서 가만히 등을 쓰다듬었다. 불편한 넥카라를 하고도 내 무릎에 머리를 대고 발라당 누웠다. 허리에 붕대를 감고 있어서 그런지 더 안쓰러워 보였다. 하지만 달이는 정말 달이답게 엄청난 속도로 회복했다.

수술 다음 날은 조금 편한 패브릭 넥카라로 바꿔주었다가 장난감처럼 가지고 놀려고 해서 다시 플라스틱으로 바꿨다. 수술 부위는 예쁘게 아물었다. 수술 때 배털을 바짝 밀어서 배가 휑해 보였다. 그렇지만 달이의 회복 속도로 봐서 배의 털도 금방 올라올 것 같았다. 아가 주제에 큰 수술을 의연하게 해낸, 어리광 하나 없는 달이가 대견했다. 개들은 어쩔 땐 무척 어른스러운 얼굴을 하고 있어서 당황스럽다.

뜻밖의 엠바고, 뜻밖의 서프라이즈
(Feat. 걱정 마니아 엄마)

💕 솔이의 보호자로서 이미 이 책에 등장했던 나의 엄마는 우리 집에서는 a.k.a 걱정 마니아로 통한다. 문학소녀 경력자로 소싯적 소설을 많이 보셔서 그런지 꼬리에 꼬리를 무는 상상력을 활용해 작은 단서를 빌미로 가장 괴롭고 어두운 결말로 이야기를 마무리 지으시곤 한다. 무늬와 제주에서 한 달 살기 여행을 하는데 제주도에 비가 많이 왔다는 뉴스를 보시고는 정말 집이 떠내려갔을지 모른다는 상상에 닿아 걱정스러운 목소리로 전화를 하실 정도다. 기쁜 일이 있을 때도 웃음소리가 집 담장을 넘으면 그걸 들은 안 좋은 기운이 찾아올지 몰라 좋아도 좋은 내색을 안 하려, 겸손해야 한다고 애써 참으시는 분이다. 눈에 보이지 않는 기운을 의인화하는 문학적 수사와 불특정 다수와 척을 지지 않기 위해 주변을 살피는 겸손한 인간으로서의 미덕, 인간사엔 좋고 나쁜 기운이 있을 것이라는 미신들의 아찔한 콜라보레이션을 가능하게 하신다.

엄마의 비극 만들기 지분은 나와 언니의 몫이 가장 크다. 물론 엄마와 40년째 알고 지낸 나는 그 모든 게 사랑의 다른 표현이라는 걸 알고 있다. 그거 하나는 분명하다. 엄마는 딸의 성향과 선택 등 나를 이해하기 위해 마지막까지 가장 노력할 사람이라는 것. 나에 대한 걱정 레퍼토리 중 하나는 내가 쉽게 좋아하는 걸 만들지 못하는 까탈스러운 애인 데다 한 번 좋아하면 간이고 쓸개고 다 빼주며 깊고 짙게 빠진다는 점이다. 그리고 결과에 따라 견줄 곳 없을 정도로 큰 행복을 갖기도 하지만 때에 따라 깊고 아프게 베인 상처가 생길 가능성이 높다는 걸 늘 걱정해 오셨다.

언니와 나는 신변의 큰 변화나 결정을 내릴 때 긴밀히 상의하고 협력하지만, 대화의 끝에는 "엄마에게는 아직 말하지 마."를 첨부하곤 한다. 가끔은 첨부하지 않아도 알아서 함구하기도 한다. 엄마에게 '엠바고'를 시행해서 놀라도 나중에 놀라시길, 걱정하실 시간과 에너지를 덜어드리려는 나름의 작은 배려와 규칙이 우리에게 있었다. 반려견 입양을 고민할 때도 언니와는 곧바로 상의했지만 엄마에게는 바로 말하지 못했다. 가족 중에서도 솔이에게 쏟는 내 마음이 작지 않음을 알고 있는 엄마가 걱정할 거라 직감했다. 무늬를 보여드리고 한동안 엄마는 통화할 때마다 한글 문서에서 자동으로 생성되도록 설정해 놓은 머리말과 꼬리말처럼 걱정을 덧붙이셨다. 하지만 그 걱정은 점점 옅어졌고 지금은 무늬와 우리 가족의 행복한 모습을 흐뭇해하신다.

그러므로 달이를 임시보호하는 것도 엄마에게는 엠바고에 붙일 수밖에 없었다. 언젠가는 말씀드려야 했고 결국 당분간 하셔야 할 걱정 시리즈를 업데이트 해드리는 거지만. 달이가 우리 집에서 조금씩 적응해 나가고, 달이를 돌보는 나 역시 능숙해진다면 엄마의 걱정을 덜어드릴 장치가 될 것 같았다. 달이를 임보하기로한 지 2주가량 지났을 무렵 엄마와 아빠가 우리 집에 잠시 다녀가실 일이 생겼다. 다행히 달이는 우리 집에 멋지게 적응했고 우리와의 관계 또한 점점 친밀해지고 있었다. 며칠 전 나를 통해 부모님의 우리 집 방문을 알게 된 언니는 즐거워하며 엄마와 아빠가 달이를 보는 장면을 꼭 영상으로 찍어서 보여 달라고 했다.

달이가 있는 방은 현관문과 마주 보고 있었다. 주차하고 계시느라 뒤따라오실 아빠보다 먼저 온 엄마는 현관에 들어오자마자 달이를 보시더니 그대로 굳어버리셨다.

"이게 뭐야! 어머머. 너, 아니지? 에이, 아니지?"
"엄마! 달이야. 2주 전부터 우리가 임시보호하고 있는 아이야."

엄마가 말씀하신 '아니지'의 뜻은 나중에 알고 보니 우리가 무늬에 이어 반려견 한 아이를 더 입양한 거라 생각하셔서 튀어나온 현실 부정의 표현이었다. 달이를 임시보호하고 있다는 게, 본의 아니게 그 순간 엄마가 해낸 엄마에게는 가장 어렵고 무서운 결말을 조금 열게 한 셈이 되었다. 뒤이어 올라오신 아빠에게 달이가 임시보호하는 아이라 가족을 찾을 때까지 데리고 있는 아이라고 말씀드렸더니, 역시나 놀라지 않고 금세 "아이고, 너 예쁘게도 생겼구나."라며 달이를 예뻐하셨다. 엄마가 놀라신 거에 비해 아빠는 너무 차분하셨다. 부부끼리 공유하는 자녀 걱정에는 총량의 법칙이 있는 걸까.

나는 엄마가 되지 않았기 때문에 내가 가보지 못한 엄마들의 마음 영역이 있을 것 같다. 그 영역 안에서는 세상 어떤 규칙과 질서보다 앞서는 게 자식인가보다. 엄마는 나와 언니의 영향으로 그 연령대의 다른 사람보다 개와 동물, 혹은 유기견에 대한 이해가 높은 분이었다. 그럼에도, 순간 안락사 직전 구조되어 새 삶을 찾은 달이의 기구한 운명보다, 또다시 작고 약한 생명체를 아끼고 사랑하다 상처받을지 모를 딸 걱정을 앞세우셨다.

하지만 엄마의 걱정은 달이의 귀여움 파워 덕분인지 서서히 희석되기 시작했다. 전화 통화를 할 때면 달이의 안부를 묻는 것으로 말을 시작하셨고, 가족 단체 메시지 방에 올라오는 달이 사진에 늘 먼저 하트를 달아주셨다. 씩씩하게 산책하는 달이가 대견하다고 폭풍 칭찬하셨고, 중성화 수술을 하고 온 날은 혀를 끌끌 차시며 고생한 달이 생각에 살짝 울먹이시기도 했다. 어차피 분가한 상태라 임시보호를 하기 위해 부모님의 동의가 필요한 건 아니었지만, 그럼에도 가족들의 응원과 공감은 적지 않은 힘이 된다. 특히 반려동물보다 애완동물이 익숙하셨을 부모 세대의 마음이 움직이는 걸 보며 역시나 머리에 떠오르는 생각은 단 하나다. 임시보호하길 참 잘했어!

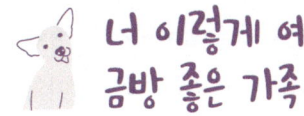
너 이렇게 예뻐서
금방 좋은 가족 찾겠다

💕 달이를 세상에 소개하기 위해 만든 인스타그램 계정을 제법 정성을 들여 운영했다. 어디선가 유기견, 구조견을 입양하고자 하는 분들의 대부분이 인스타그램을 통해 아이들을 찾아본다는 말을 들어서였다. 스치듯 보게 된 반려동물 입양에 대한 통계 자료도 그렇게 말하고 있었다. 임시보호를 자주 하는 친구의 말대로 핸드폰 사진첩에는 무늬 사진보다 달이 사진이 많아졌다. 동생들에게 양보하고 참아주라는 말을 엄마에게 자주 듣곤 하던 언니의 다부지지만 묘하게 쓸쓸해 보이던 얼굴이 떠올랐다. 그동안 준 사랑을 믿고 무늬가 당분간은 이해할 거라 믿는 수밖에 없었다. 사진과 영상을 찍으면 귀신같이 알고 외면하던 아이였으니 어쩌면 자신에게 카메라 렌즈가 향하지 않는 걸 좋아하고 있을지도 모르겠고.

달이의 인스타그램은 달이의 삶을 아카이브 한다는 의미도 있었다. 미래에서 온 것처럼 선명히 알 수 있었다. 분명 하루하루 자라는 아기 달이의 모습을 엄청 보고 싶어 할 누군가가 있을 것이란 것을. 성견이 되어 만난 무늬의 어린 시절 모습이 미치도록 궁금하지만, 영원히 상상하는 수밖에 없는 나와 남편이기에 알 수 있었다. 매일 달이와 함께하며 좋았던 찰나의 순간을 훗날 만날 가족에게 전달한다고 생각하며, 별일 없으면 하루에 한 개씩 일기를 쓰듯 게시물을 올렸다.

옆 구르기를 하며 봐도 너무 귀여운 달이의 사진과 영상을 보고, 생각보다 제법 많은 사람에게 문의가 왔다.

'견종이 뭔가요? 스피츠 같은데 검은색이네요. 검정 스피츠도 있나요?'
'털 많이 빠지나요?'
'집에 아이가 있는데 무서워할까요?'
'물거나 사납나요?'
'상처가 있는 아이인데 성격은 밝나요?'

대답하기 힘든 질문들이었다. 이 질문에 대한 답을 알면 감사한 마음으로 달이를 가족으로 맞이할 건가? 달이와 가족이 되기 위해 현실적으로 고민이 되는 부분에 대해 치열하게 생각하는 건 '신중함'으로 이해하고 있다. 견종과 털 빠짐에 대해 묻는 건 가족을 맞이하기 위한 자의 신중한 마음에 넣기 힘들었다. 자꾸 실용적, 경제적, 편리함과 같이 가족과는 어울리지 않는 단어가 연상되는 물음으로 보여, 꽈

배기처럼 배배 꼬인 사람이 되지 말자고 몇 번이나 다짐했다. 그리고 마지막 '상처가 있는 아이'에 대한 질문은 내게도 작은 상처를 남겼다.

사진과 영상으로 봐서 보이지 않는 걸까. 달이 눈 안에는 빛을 반사하지 않아도 스스로 빛을 내는 별이 있다. 춥고 배고픔으로 차오르는 서글픔을 달래야 했던 떠돌이 개 시절도 달이의 밝고 명랑한 성격은 침범하지 못했다. 씩씩한 달이가 온전히 지켜낸 것이리라. 유기견에게 '상처가 있는 아이', '상처받은 아이'라는 어딘가 사연 있어 보이는 수사를 씌워 어둡고 처연한 존재로 취급하는 경우가 많다. 어떤 경우 상대를 배려하지 않는 동정심은 무관심보다 나쁘기도 하다. 물론 아이 하나하나의 삶의 궤적을 바라보고 유기되었던 시기가 남은 흔적을 살펴 아이에게 도움이 필요한 부분에 맞춰 보살피려 하는 의도라면 찬성이다. 다만, 모든 유기견의 삶을 '상처'라는 단어 하나 안에 욱여넣지 않았으면 좋겠다. 달이에게서도 상처의 흔적을 발견하려 애쓰지 않았으면 했다. 달이와 5분만 함께 있어도 알 텐데. 햇살처럼 밝고 맑은 달이의 성정을.

낮잠을 곤히 자는 무늬를 두고 달이와 나왔다. 집에서 글을 쓰게 된 이후 평일 낮의 여유를 찾게 되어 좋다. 아파트 단지에서 연결된 공원 산책길로 나섰다. 이 시간이면 동네 강아지 친구들을 만날 수 있어서 아직 낯선 개와 인사가 서툰 달이가 소소한 경험을 쌓을 수 있을

지 모른다는 기대도 했다. 언덕 아래쪽에 있는 우리를 향해 한 보호자와 달이만 한 개친구가 걸어오고 있었다. 달이는 뾰족한 코로 풀숲을 뒤지느라 못 본 듯했다. 대화가 될 만큼 가까워진 듯해서 말을 걸어보았다.

"아이랑 인사해도 되나요?"

성격이 좋은 아이라 다소 저돌적이었던 달이의 인사를 받아주었다. 달이는 첫인사만 강렬하게 하고 그 이후로는 크게 관심을 안 두는 아이라 둘의 인사는 평화롭게 마무리되었다. 중형견 보호자 분의 눈길이 달이의 리드줄에 달아놓은 '평생 가족을 찾아요', '임시보호 중' 와펜에 멈췄다.

"임시보호 중이신가요?"
"네. 아직 아기인데 유기되었는지 한 단체에서 구조하셨고 저는 임보 봉사 중이예요."
"아이랑 인사해도 되나요?"
"네. 사람을 좋아해요."

반려견을 잘 아시는 분답게 몸을 낮춰 달이에게 손을 보이고 천천히 움직여 달이의 가슴과 등을 쓰다듬으셨다. 이름을 물어보셔서 알려드렸더니 "달이야."라고 불러주셨고, 달이가 머리에 닿은 손길에서 호감을 알아차린 듯 꼬리를 살랑살랑거렸다. 반려견 보호자라면 알겠지만 가끔 보호자들은 상대에게 할 말을 마치 개에게 말하듯 하고, 그걸 들은 보호자는 마치 개가 대답하듯 대답하는 '빙의형 대화'를 아주 자연스럽게 한다. 예를 들어 이런 식의 대화 말이다.

"아이고, 애기야. 너 몇 살이니? 아직 애기 같은데~"
"이제 1살 되었어요. 애기 맞아요(약간 아기 말투로 말하는 게 포인트)."
"밥 잘 먹고 튼튼하게 자라렴!"
"네. 감사합니다."

아예 쪼그려 앉아 달이를 쓰다듬던 중형견의 보호자 분도 달이에게 말을 하셨다.

"달이야. 아이고 예뻐라. 아직 애기구나. 너 사람 좋아하는구나? 그래그래. 예뻐라. 너 이렇게 예뻐서 금방 좋은 가족 찾겠다. 너 가면 여기 언니 서운해서 어떻게 하니."

"너 이렇게 예뻐서 금방 좋은 가족 찾겠다."

그동안 달이를 임시보호하며 가장 듣고 싶었던 말이었다. 달이가 가지고 있는 '유기견'이란 배경에서 아무 키워드도 뽑아내지 않고 그저 네 발로 당당히 걷는 달이를 보신 분이 해주신 귀한 한 마디. 달이에게 하신 말이지만 반려견 보호자 간의 대화방식을 알고 있는 나는 "감사해요. 얼른 가족 찾을게요."라 말했다. 달이가 하는 말이자 내가 하는 그 말이, 마치 예언처럼 완벽하게 맞아떨어지리라 굳게 믿으며.

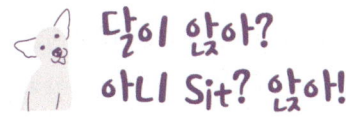
달이 앉아?
아니 Sit? 앉아!

💕 임시보호견에게도 임시보호자에게도 해피엔딩은 역시나 임시보호견의 모든 걸 온전히 품어줄 준비가 된 평생 가족을 찾는 것이다. 그러다 보니 보호자의 눈으로 보면 더할 나위 없이 완벽한 달이임에도, 보호자 앞에 '임시'를 붙이고 나면 자꾸 달이를 이리저리 돌려보게 된다. 달이를 잘 모르는 사람들이 달이를 띄엄띄엄 보고는 흠집 내지 못하게, 기적처럼 내밀어 준 가족의 손을 잡을 때 부족함 하나 없는 아이가 될 수 있도록. 임시보호견의 하루를 쫓는 임시보호자의 눈은 마음만큼 바쁘게 움직이며 아이의 일거수일투족을 관찰하고 만다.

달이는 종종 짖었다. 낮에는 괜찮다가 저녁이 되면 갑자기 생각난 듯 뜬금없이 짖었다. 혹시나 베란다 유리문에 비치는 자기 모습이 무서워서 그런가 싶어 달이 눈높이 지점까지 신문지를 붙여 가려줬다. 하지만 소용이 없었다. 짖는 건 계속되었다. 한번은 저녁을 먹고 무늬와 산책을 나갔는데 아파트 현관에서 개 짖는 소리가 들렸다. 집에 설치한 카메라를 바라보니 베란다를 향해 달이가 짖고 있었다. 1층에서도 들릴 만큼 크다니. 짖는 강아지를 좋아할 사람이 있을까? 하지만 당시 우리는 개가 짖는 원인 파악도, 짖음을 멈추게 하는 액션도 알지 못해서 달이가 짖을 때 아무것도 하지 못하고 "달이야, 왜 그러는 거니."라고 하며 야속해만 했다. 지금 생각해 보니 잠시 자리를 비운 보호자와 함께 있고 싶다는 표현이었을 것 같다. 혹은 어둑해지는 바깥 풍경을 보며 무언가 문득 무서워져서였던지. 달이는 태어난 지 고작 8개월 된, 1살도 안 된 아가였으니까.

시간이 지날수록 달이에게 무언가를 가르쳐야 하는 건 아닌가 싶은 알 수 없는 책임감이 생겼다. 고단한 삶을 살아왔을 달이에게 따뜻한 보금자리와 영양가 높은 음식, 깨끗한 물을 제공하는 것만으로 임시보호가 완성되는 건 아니니까. 난 달이의 홍보 대행사, 달이 전문 홍보팀장이 되어야 한다고 생각했다. 아직 달이를 만나지 못한 어딘가에 있을 평생 가족에게 달이의 소식이 닿기 위해서 무언가 해야 했다.

핸드폰 너머까지 달이의 깜찍함이 생생히 전해질 수 있는 방법이 뭐가 있을까 고민하다 생각난 게 소위 개인기라고 말하는 간단한 행동들이었다. 무늬는 손, 앉아 정도는 의외로 금방 해서 자연스럽게 익힌 동작이 되었고, 그 외 특별히 해내길 원하는 동작은 없었다. 멋진 개인기를 하며 귀여움과 똑똑함을 동시에 뽐내는 개들은 유튜브나 인스타그램, 틱톡 같은 곳에 있는 아이들이었다. 하지만 쿨하고 멋진 아이인 달이의 매력이 일상적인 사진과 영상에 다 담기지 않는 것 같았다. 아이가 한 번이라도 평생 가족 눈에 들어갈 수 있는 꺼리를 만들어 주는 것도 임시보호자가 해야 할 일 아닐까. 유튜브에서 강아지 기본 개인기 교육 영상을 찾아보며 달이에게 앉아, 엎드려, 손, 코 등을 연습했다. 달이는 사료 한 알도 강화물이 될 정도로 먹성이 좋아 동기부여도 잘 되었고 학습력도 좋은 똑똑한 아이여서 뭐든지 금방 배웠다.

임시보호 한 달을 넘길 즈음부터 고민이 있었다. 국내에서 달이 입양을 원하는 가족이 나타나지 않는 것이었다. 짧은 문의들은 더러 있었지만 진지하게 입양을 고려한 상담은 전무했다. 구조 단체 담당자도 슬슬 해외 입양 루트를 찾아봐야 할 것 같다는 말을 전했다. 올 것이 왔구나 싶었다. 뭐라 말하기 힘든 마음이었다. 그동안 다른 단체들의 인스타그램에서 해외에서 가족을 만나는 아이들의 소식을 자주 보고 응원도 했었다. 국내와 해외, 어느 곳인지가 중요한 게 아니라 반려견을 맞이하기 위해 철저히 준비하는 반려 가족을 만나는 것이 훨씬 중요하다는 것도 알고 있다. 그런데 내가 보호하고 있는 아이라고 생각하니 그저 막연히 우리의 노력과 능력 부족으로 아이를 낯설고 먼 곳으로 보내는 것 같아서 오는 죄책감이 생겼다.

여느 날처럼 달이와 사료 한 알로 앉아, 일어서, 엎드려 등을 하고 있었다.

"달이야. 앉아. 아니 Sit? 달이, Sit!"

달이가 갸우뚱해 하며 앉았다 일어났다 엎드렸다를 반복했다. '엥? 씻!이 뭐야?'라는 질문을 담은 얼굴이었다.

나와 남편은 달이를 처음 본 순간부터 사랑에 빠졌다. 병원에서 데려올 때부터 온몸에 힘을 풀고 쏙 안기는 두툼한 몸의 아이가 가진 묵직함이 좋았다. 금세 우리 집 사람들을 잘 따르는 수더분한 성격과 구김살 없는 명랑함이 사랑스러워 미칠 지경이었다. 눈만 마주쳐도 허리가 휠 정도로 꼬리를 쳐 주는 행동은 내가 받기에 과분하게 느껴질 정도로 소중한 다정함을 담고 있었다. 최고의 반려견이 될 준비가 된 아이였다. 모두에게 줄 사랑이 차고 넘치는 아이 달이. 이런 달이를 사람들은 왜 검고 큰 개로만 보는 걸까, 왜 달이의 진심을 알아봐 주지 못하는지. 한 번 버려진 곳인 데다 다시 품을 기회를 줬음에도 다시 아이를 먼 곳으로 내던져 버리는 우리나라, 대한민국의 현실이 야속했다. 하지만 내가 알고 내 남편이 안다. 그러니 분명 나타나겠지. 달이를 알아봐 줄 진짜 가족이.

사료를 들고 있는 나를 향해 다정한 눈빛을 보내는 달이에게 말했다.

"달이야, 앉아."

**사랑은 분명
강아지 모양일 거야**

3. 달이

기적처럼 나타난 달이의 가족

💕 입양 문의가 많지 않은 건 달이 네가 크고 검은 믹스견이라서 그래.

어느새 나 역시 달이를 인기 없는 개로 재단하고 있었다. 구조 단체로부터 조만간 해외에 있는 연계 구조 단체에 달이의 프로필을 보내 입양 홍보를 해야겠다는 연락이 왔다. 겨우 자리 하나 내어주고 밥이나 챙겨주는 주제에 또 두려워지는 달이의 해외행. 철딱서니 없이 까부는 달이가 좁은 켄넬에 실려 몇 시간 동안 비행기를 타고 낯선 곳으로 간다는 생각에 아이처럼 덜컥 겁이 났다.

국내에서 가장 큰 반려견 커뮤니티에 임보 일기를 올리고, 그걸 복사해서 자주 쓰진 않지만 종종 끄적이는 개인 블로그에도 연재했다. 응원의 댓글은 달렸으나 입양하고 싶다는 종류의 글은 없었다. '포인핸드'라는 유기견과 구조견 입양문화 개선 앱의 '가족을 기다려요' 게시판에도 달이의 이야기를 올렸다. 사람들이 많이 접속할 것 같은 밤 시간에 글을 끌어올리기 위해 알람도 맞춰뒀었다. 역시나 귀여운 외모 덕에 글 조회수는 나날이 올라갔고, 격려와 응원의 댓글은 많았으나 달이를 나의 평생 가족으로 봐주는 분은 만날 수 없었다.

그러던 어느 날, 단체에서 불쑥 메시지를 보냈다. 드디어 한 분이 나타나셨다고. 달이와 똑 닮은 아기 강아지를 입양해서 늠름하고 젠틀한 성견으로 키워낸 가족들이 달이에게서 반려견 아이의 어릴 적 모습이 보인다며, 달이가 자꾸 눈에 밟힌다고 입양 신청을 하셨단다. 그런데 둘째 반려견 입양이라 아무래도 기존 반려견과 사이좋게 지낼 수 있을지가 가장 걱정이라 했다. 달이와 기존 반려견을 짧게 만나게 하고 싶다며 도움을 요청했다.

그래서 앞뒤 안 재고 만났다. 우린 달이를 데리고, 그분은 자신의 반려견을 데리고 늦은 밤 한적한 공원에서 만났다. 솔이와 비슷한 사이즈의 늠름한 자태를 뽐내는 멋진 아이와 함께 오셨다. 그 아이는 달이가 크면 저렇게 될까 싶을 정도로 닮은 모습이었다. 어릴 적 사진을 보니 동배라고 말해도 믿었을 만큼 달이와 쏙 빼닮았다. 친구를 잘 사귀고 온순하고 느긋한 성품의 개여서 달이와 평행 산책을 하는데 오히려 처음 보는 달이를 행인들로부터 지켜주려 했다.

산책은 평화로웠다. 딱히 별말씀이 없던 분께서 산책을 마치고 나서 말했다.

"저, 달이 한번 안아봐도 될까요?"

달이를 안아서 벤치에 앉아 계신 분 무릎에 앉혔다.

"달이야, 너 우리 집 갈래? 아이고. 아가. 안 되겠다. 우리 집 가야겠다, 너."

구조단체를 통해 이미 먼저 반려견을 입양한 데다 물심양면으로 훌륭히 반려하시는 분이라 운영자 분과도 신뢰가 두터운 분이었다. 덕분에 입양 수속은 신속하게 진행되었다. 기존 반려견과의 사이를 걱정했는데 두 아이의 짧은 산책에서 우려를 거둬내셨기에 주저할 이유가 없다고 하셨다. 그분은 달이가 몇 kg인지, 배변을 가리는지, 짖는지와 같은 질문을 하지 않으셨다. 아무 질문도 하지 않고 달이를 안아주신 것에서 나와 남편 역시 믿음이 생겼다. 분명 달이를 달이 그 자체로 품어주실, 그러므로 달이에게 가장 좋은 가족이 되실 분들이라는 걸.

며칠 뒤 전에 함께 산책했던 공원에서 다시 만났다. 아무것도 모르는 달이는 산책을 나온 줄 알고 신나게 걸었다. 달이의 짐이랄 것도 없었다. 혹 새 가족이 불편할 수도 있을 듯해 달이가 좋아하던 장난감이나 간식, 사료도 일부러 챙기지 않았다. 달이는 처음 왔을 때처럼 맨몸으로 떠났다. 리드줄을 건넸다. 함께 걷는 줄 알았던 우리가 가만히 멈춰있자 달이는 동그란 눈으로 연신 뒤를 돌아봤다. 우리가 보이지 않는 게 좋을 것 같아 차 뒤로 숨었다. 차장 너머로 달이의 모습을 훔쳐봤다. 주춤주춤하는 듯싶더니 이내 새로운 가족과 발걸음을 맞춰 신나게 걸어갔다.

집에 돌아온 우리는 달이가 종종 깨물어서 벗겨진 문지방 몰딩을 보며 누가 먼저랄 것도 없이 주저앉아 엉엉 울었다. 안도감과 미안함, 허탈함, 부끄러움, 후련함, 아쉬움과 같은 다양한 마음이 둥둥 떠다녀 머리를 어지럽혔다. 짧은 기간 달이는 매 순간 멈춤 없이 온 마음으로 애정을 다 쏟아놓고 갔다. 그래서 걘 그렇게 훨훨 날아갈 수 있었나 보다.

상처받지 않으려 마음을 아꼈던, 잔머리 쓰던 우리만이 미련덩어리가 되어 달이를 떠올리며 그리워한다. 지금은 최고로 훌륭한 가족의 품에서 누구보다 행복하게 살고 있는 달이. 언제가 될지 모르겠지만 꽤 오래 달이를 마음 한편에 두고 생각날 때마다 꺼내서 사랑한다고 더 많이 말하고, 더 많이 꼭 안아줄 것 같다. 옹졸했던 그때의 작은 나도 함께 꺼내 그땐 미안했다고 끝없이 사과하며. 착한 달이는 분명 괜찮다고 하겠지만.

달이에게

💜💙 달이야.

있잖아, 그거 아니? 너는 한동안 너무 부끄러워서 감히 불러보지 못하던 이름이었어. 너를 부르면 내 마음만 앞세우던 어설프고 부족한 내가 함께 떠올라 그런 것 같아. 아직도 후회해. 더 준비하고 공부한 뒤 너를 맞이했어야 했는데. 병원장에 오래 머물고 있던 너의 손을 잡을 사람은 나뿐이구나 라며 순간 튀어 오른 마음을 가장 앞세워야 하는 줄로만 알았던 나의 치기 어림은 앞으로도 더 오래 반성해야 할 것 같아. 너와 함께 지내는 동안 내가 했던 실수는 시행착오라는 멋진 말로 포장해 보려고도 했어. 너에게 부족했던 면은 너의 다음에 올 임시보호견 친구들에게 갚는다는 말. 어떻게 생각해? 만약 너와 대화할 수 있다면, 착하디착한 넌 이렇게 말할 테지.

"실수라니. 그런 거 하나도 없었어. 난 매 순간 행복했어. 충분히 고마워. 다음 친구들도 잘 부탁해."

이렇게 또 제멋대로 다정한 너의 마음에 기대어 근심 걱정을 내려놓으려 하는 나.

네가 가고 나서도 며칠 동안 윤기 나는 너의 검정 털들이 동그랗게 모여 집 곳곳에서 튀어나왔어. 네가 구석구석에 숨겨놓은 털 뭉치를 보물찾기하듯 찾아다니다 찾고 나면 남편과 함께 한바탕 울고 그랬어. 후회로 점철된 때늦은 슬픔은 꼭 마음 귀퉁이에 머물다 툭 하고 튀어나오더라. 그럴 때면 속절없이 당하는 수밖에.

달이야, 기억나니? 어느 조용한 여름밤, 와그작와그작 소리에 잠에서 깨 이끌리듯 옷방으로 가보니 노란 달빛을 받아 파랗게 반짝이던 네가 엎드려 시스템장 선반 아래쪽을 격렬히 깨물고 있었잖아. "달이야 뭐해?"라고 말했더니 넌 입은 오물오물 한 채 그대로 동그란 눈을 더 동그랗게 뜨고 날 올려다봤지. 아까 봐 놓고 꼬리는 격하게 살랑살랑. 그곳을 물건으로 막았더니 다음 날 밤엔 옷방 문 몰딩을 제대로 물어뜯었지. 아직도 가끔 청소하다 그곳에 남은 너의 이빨 자국을 바라봐. 작은 이빨들로 야무지게도 뜯어놨더구나. 다시 보니 몰딩은 하얀 시트지가 다 벗겨져서 안쪽의 노란 원목이 다 드러나 있더라고. 사실 그곳은 나와 남편은 쪼그려 앉아도 잘 보이지 않을 정도로 낮은 곳이라 평소엔 잘 안 보여. 근데 막상 앉아서 고개를 숙여서 자세히 보면 그 자리가 엄청나게 크고 눈에 띈단다. 오래 보고 자세히 봐야 더 사랑스러운, 마치 너처럼. 네가 이렇게 작았나, 이렇게 낮은 곳에서 우리를 올려다보고 있었나 싶어서 놀라. 내 발아래 작은 세상에 살던 너.

혹시 비비드 컬러의 무지개무늬가 있던 옷도 기억날까? 검은색이 샛별처럼 빛난다는 걸 너의 몸을 보고 처음 알았어. 너의 모색을 돋보이게 할 옷 같아서 야심 차게 샀던 옷인데, 받아놓고 보니 내 손바닥 두 개를 합친 것보다 조금 커서 당황했었잖아. 8kg이 넘는 너에게 맞을까? 갸웃거리며 일단 입어보자! 하고 시작했는데 다행히 머리부터 쑥 들어가더니 너무 예쁘게 딱 맞았었지. 처음 옷을 입어본 듯 어색해하는 너의 어리둥절한 표정과 몸짓에 비해 맞춤옷처럼 크기도 색감도 너무 잘 어울려서 저항 없이 큰 웃음이 튀어나왔어. 그랬더니 너도 펄쩍 뛰며 신나 했었지. 거실에 있던 무늬도 옷방으로 뛰어와 고개를 빼꼼 내밀고 '무슨 일이야? 뭔데 이렇게 즐거워?'라는 표정을 지었어. 아마 넌 옷보다 동그랗게 둘러앉아 웃는 우리들이 좋았던 거 같아. 이날처럼 별거 아닌 일인데 네가 만들어 내는 마법 같은 순간들이 생각보다 많은 거야. 네가 생각날 때면 남편과 한참 대결하듯 그런 순간들을 번갈아 가며 말하곤 해. 달이 처음 옷 입었던 날 기억나? 달이 처음 안았을 때 긴장해서 굳었던 거 기억나? 달이가 처음 누워서 무릎에 기댔던 거 기억나? 달이가 입양자분과 진짜 집으로 갈 때 계속 우리를 돌아봐서 차 뒤로 숨어서 몰래 훔쳐봤던 거 기억나? 이렇게 말이야.

너는 우리에게 다 주고 갔잖아. 세상에, 이렇게 못날 수 있을까. 글쎄 난 우리가 헤어질 때 힘들고 아플까 봐 덜 사랑하려고 애쓴 적도 있어. 물론 전혀 마음대로 되지 않았지만. 더 이상 부끄러운 것도 없으니 내가 품었던 더 유치한 생각도 말해볼까? '지금은 내가 좋지만 정말 가족을 찾아가면 우리 같은 건 까먹을 거잖아. 너도.' 이렇게도 생각했어. 덜 사랑하고 덜 아플 생각을 하다니. 인간답게 어리석은 우리가 네 눈엔 어떻게 비쳤을까. 너와 함께한 시간을 나열할수록 늘 빛났던 너의 사랑 앞에 선 우리가 너무 초라해. 그런데도, 아마도 다 알면서도 언제나 우리를 최고의 친구인 듯, 가족인 듯 대해줘서 고마워. 평생 고마워할게. 네가 준 큰 사랑 늘 베풀고 나누며 살게. 사랑만 잔뜩 남기고 간 아이야.

요즘 너의 하루는 어떠니. 엄마와 아빠, 잘 생기고 든든한 오빠와 잘 지내고 있지? 인스타그램으로 살펴보는 너의 일상은 소중한 막내 공주 그 자체더라. 너와 함께 있을 때 막연히 상상하던 최고의 가족 그 이상의 완벽한 가족을 만날 줄이야. 행복하게 살고 있는 너의 모습을 보는 게 이렇게 큰 기쁨이 될지 미처 몰랐어. 유치원에서 친구들과 웃으며 찍은 사진들 속에 빛나는 너의 미소가 예전 그대로여서 괜히 더 좋아. 우리가 기억하는 모습 그대로의 너. 병원 입원장에서 처음 만났을 때부터, 아니 태어났던 순간부터 언제나 완벽했던 너.

이 편지가 너에게 전해질까 모르겠어. 너를 보내고 나서야 모든 걸 깨달아 가는, 뭐든 한 박자씩 늦는 인간의 어리석음을 용서해 줘. 너의 정직한 눈동자를 떠올리면, 살면서 쉽게 가져보지 못한 강하고 부드러운 마음이 생겨. 사는 동안 너를 닮은 너의 친구들에게 늘 정직하고 상냥하게 대하는 인간이 되도록 노력할게. 넌 그냥 아무 다짐도 계획도 하지 말고 늘 그랬듯 멋대로 하고 싶은 거 다 하면서 살아. 행복한 강아지들이 그러하듯. 나의 첫 임시보호 강아지 달이, 안녕.

3. 달이

TIP. 세상의 중심에서 우리 임보견을 외치다 : 임시보호견 홍보하기

자세히 보아야 예쁘고 오래 보아야 사랑스러운 우리의 임보견! 내 눈에는 그저 바라만 봐도 귀엽고 사랑스러운 아이지만, 좋은 가족을 만나기 위해서는 더 많은 사람이 세상에 이 아이가 있음을 알아야 한다. 임보를 하다 보면 기다림에 익숙해지지만, 그래도 가끔 가족이 조금 늦는 듯하면 속으로 "아니 이렇게 예쁜데 가족이 없다고?"를 외치게 된다. 혹시 미래의 가족분들이 아직 아이를 못 본 거 아닐까? 아니면 임보자인 내가 찍은 사진과 영상 속에 임보견의 매력이 충분히 드러나지 않았나? 임보 기간이 조금 길어지는 아이에게는 임시보호자의 역할을 살짝 확장해 보았다. 바로 입양 홍보부장 되기! 기본적으로 해야 하는 아이 알리기 외에 할 수 있는 홍보 방법들을 정리해 보았다.

인스타그램 계정 운영하기

다양한 형태의 SNS로 임보견을 알릴 수 있지만, 다른 것 보다 인스타그램 계정은 꼭 운영했으면 한다. 반려견을 가족으로 맞이하려는 사람 대부분은 인스타그램으로 검색하는 것이 최근 추세다. 아무래도 접근성이 좋고 사진과 영상을 쉽게 볼 수 있으며 계정을 운영하는 사람과 빠르게 소통할 수 있어서 그런 듯하다. 피드 하나하나에 공을 들여 멋진 계정을 만드는 것에 초점을 맞추기보단, 육아일기를 쓰듯 꾸준히 피드를 올려 임보견의 성장과 변화를 보여줄 수 있으면 좋겠다. 사진과 영상을 올릴 때 지금까지 파악한 임보견의 성격과 기호, 사람 혹은 개, 고양이와의 관계성과 같은 적절한 설명을 함께 적으면 입양을 고려하는 분들께 도움이 될 것이다. 그밖에 임보견의 산책, 식사, 수면, 놀이와 같은 일상생활의 다양한 모습과 설명을 보여주면 좋다.

해시태그 붙이기

인스타그램, 유튜브, 블로그 등의 각종 홍보 계정에 반려견을 입양하고자 하는 분들이 자주 검색하는 적절한 해시태그를 첨가하면 더 많은 기회가 생길 수 있다. 인스타그램의 경우 해시태그를 작성하면 해당 해시태그가 몇 건 사용되었는지 미리 알 수 있다. 사용 횟수가 높은 해시태그를 선별하면 더 많은 사람이 나의 임보견 피드를 볼 수 있다.

#임시보호 #강아지입양 #유기견입양 #평생가족을찾아요 #사지마세요입양하세요 #유기견 #믹스견 #입양해주세요 #입양홍보 #임보일기 #임보중 #임보

그때그때 유행하는 해시태그가 있으니 체크하자! 동물 구조 단체나 개인 구조자, 잘 운영하는 임보자의 계정에 방문해 그들이 자주 사용하는 해시태그를 살펴보고 함께 사용하는 것도 좋은 방법이다. 조금 귀찮을 수 있다. 이렇게 한다고 평생 가족에게 임보견의 소식이 닿을 수 있을지 보장할 순 없다. 그래도 할 수 있는 건 다 해보자!

인플루언서, 리그램 계정에 DM 보내기

인스타그램을 열심히 운영하는데도 가족이 나타나지 않을 수도 있다. 팔로워가 적어서 아이의 소식이 퍼지는 것에 한계가 있는 건 아닐까 싶었다. 내일이라도 당장 가족 품에 안겨서 안정적인 삶을 살 자격이 있는 임보견의 시간을 낭비하는 것 같아 가만히 있을 수만은 없었다. 고민 끝에 인스타그램 팔로워가 많은 인플루언서 중 평소 동물권, 유기견과 구조견 문제에 대한 피드를 작성하는 분들의 계정을 찾았다. 본문에서 밝힌 것처럼 임시보호 중인 나의 상황, 임시보호견의 구조 배경, 임시보호견의 기본 프로필과 성향, 기타 입양을 희망하는 분들이 참고할 만한 정보, 입양 방법 등을 간략히 적은 뒤 공유를 부탁드린다는 DM을 보냈다. 아, 아이의 성격과 얼굴이 잘 드러나는 사진도 엄선해서 함께 보냈다. 대부분 임보견이 처한 어려운 상황에 공감 해주시고 기꺼이 공유해 주셨다. 감사하게 마음을 맞대 주셨지만, 냉정히 생각하면 그분들로서는 갑자기 모르는 사람으로부터의 난해한 부탁을 받은 것이다. 선의를 당연하게 생각하면 안 된다. 여러 차례 보내는 것도 금물, DM도 무례하지 않도록 진심을 담아 보내보자. (불쑥 보낸 DM에 따뜻하게 응답해 주신 천사님들께 다시 한번 감사의 말씀 전합니다!)

포인핸드에 글 게시하기

포인핸드(Pawinhand)는 전국 유기 동물 보호소에 구조된 유기 동물의 입양을 돕는 플랫폼이다. 포인핸드 애플리케이션 다운로드 후 회원가입하고, '스토리' 게시판의 '입양해 주세요' 코너를 활용하자. 양식에 맞춰 평생 가족과 만나 입양을 기다리는 아이들의 소개 글을 올릴 수 있다. '임보일기' 코너에도 입양을 기다리는 아이들의 일상을 소개할 수 있다. '입양해 주세요' 게시판의 게시글은 하루 1회 끌어올릴 수 있다. 뒤로 묻히지 않게, 사람들이 핸드폰을 많이 보는 아침이나 밤에 끌어올리면 더 많은 사람이 볼 수 있을 것이다.

그 밖의 방법들

개인적으로 '브런치 스토리'라는 글쓰기 플랫폼에 작가로 등록되어 활동 중이었다. 아이들의 임보 일기를 작성해 발행했는데 운 좋게 몇 차례 포털사이트 메인에 링크가 되었다. 글 하단에 임보견의 인스타그램을 링크해 놓아서 많은 분이 인스타그램으로 유입되었다. 브런치에 연재하는 글을 짧게 정리해서 블로그에 포스팅하고 회원 수가 가장 많은 반려동물 커뮤니티에 게시하기도 했다. 이때부터는 그냥 세상을 향해 크게 외치고 싶었다. 이렇게 착하고 예쁜 아이가 살아 있음을.

Tip.

4. 라이스

"추억 속에서 기다리고 있을게."

한 해의 마지막 날, 라이스와 만나다

지난가을, 펠라는 펠라의 모든 것을 영원히 안아 줄 준비가 된 완벽한 가족을 만났다. SNS를 통해 펠라와 우리 집 반려견의 소식을 주고받곤 했다. 그리고 한해의 끄트머리에 입양 후 처음으로 펠라를 만났다. 보호자의 무릎에 엉덩이를 착 붙이고 앉아 나와 남편을 향해 "초면인데, 그쪽은 누구세요?"라 말하는 듯한 표정으로 우리를 바라봤다. 우리의 촉촉했던 임보기간이 떠올랐지만 정말이지 하나도 서운하지 않았다. 펠라의 집은 이미 펠라의 집 자체였다. 모든 가구와 동선이 펠라를 위해 자리한 것 같아 보였다. 그곳에서 펠라는 한없이 편안해 보였다. 우리에겐 "누구시더라~" 하는 얼굴로 긴가민가했지만, 무늬는 시간이 지날수록 기억이 선명해졌는지 1시간가량 지나니 반가워하며 계속 장난을 쳤다. 임보 시절에 놀던 방식이던 둘만의 특유의 몸짓을 오랜만에 봤다. 입양 후 인스타그램 속 사진으로도 대충 눈치챘지만, 직접 만나보고 더욱 확신했다. 펠라는 이미 세상에서 가장 행복한 강아지가 되어 있었다.

며칠 전, 펠라를 구조했고 입양까지 성사한 단체 위액트로부터 연락이 왔다. 해외 입양이 결정된 아이가 있는데 이동 봉사자를 구하기 전까지 한 달가량 맡아줄 수 있냐고. 이름을 들어보니 귀에 익었다. 사진을 보니 전에 펠라와 같은 곳에서 구조된 아이였다. 펠라보다 조금 더 오래 가족을 기다렸는데 바다 건너 좀 먼 곳에 있어서 그랬던 모양이다. 인스타그램에서 자주 본 아이에다가 닮은 외모의 형제들도 이제 하나둘 가족을 찾아가고 있다는 걸 알고 있었기에, 늦게 입양된 아이의 고단했을 여정을 생각하니 안쓰러웠다. 하지만 우리 삶의 패턴과 능력을 고려해 유기견 및 구조견 임시보호는 1년에 한 번만 하기로 결정했었다. 남편과 짧게 이야기를 나누다 보니 늘 그렇듯 난 곧바로 결정하고 싶고, 남편은 신중하고 오래 생각할 것임을 느꼈다. 이대로라면 내가 또 앞장서서 추진하고 남편은 마지못해 수긍하는 그림이 될 것 같아 채팅창에 '죄송해요.'라고 써서 보냈다. 그런데 남편이 곧바로 이렇게 말했다.

"한 달쯤이면 괜찮을 것 같아. 우리가 노력은 해야겠지만."
"…… 그래??"
"응. 펠라의 친구인데 곧 가족을 만난다니 잘 된 일이기도 하고."
"그럼 한다고 보낼게!"

'죄송해요.'라고 메시지를 보낸 지 1분 만에 '저희가 데리고 있을게요!'라고 써서 보냈다.

우리가 아이를 데리러 갈 수 있는 때와 현재 임보하시는 분이 아이를 데려다주시는 스케줄이 잘 맞지 않았다. 넉넉히 열흘 정도 뒤에 아이가 있는 곳 근처에 갈 일이 있긴 해서, 좀 늦지만 결국 그날 우리가 데리러 가기로 했다. 아이가 오면 어디서 지내면 좋을지 정하고, 아이가 쓸 방석 시트와 패브릭을 세탁했다. 사료는 무늬가 먹던 걸 함께 먹으면 되고 사이즈가 비슷하니 밥그릇도 물그릇도 함께 쓸 수 있어 좋겠다며, 조금 들뜬 채 사부작거리며 열흘을 보냈다.

감사하게도 해외 이동봉사자분이 빨리 나타나 주셔서 아이의 임시보호 기간이 생각보다 짧아졌다. 우리 집에 머물 시간이 일주일가량밖에 되지 않았다. 단체 담당자와 어떻게 하면 좋을지 이야기를 나누었다. 어디서나 잘 지내는 아이라 입양 가기 전까지 우리가 데리고 있어도 좋다고 했지만, 현재 임보처에서도 잘 지내는데 괜히 긴 비행 전에 거처가 바뀌는 게 좋을 건 없어 보여서 그곳에 머물다 입양 가는 것으로 정했다.

이미 임시보호를 하기로 했는데 마음이 헛헛하다고 했더니, 잠시 머물 곳이 필요한 다른 아이들을 말해주셨다. 입양처가 정해지지 않은, 임보 기간이 3개월가량으로 다소 길어질 수 있는 아이들이었다. 남편과 상의한 내용과 조금 달라졌지만, 어쩔 수 없었다. 이미 마음 한편에 마련해 둔 자리를 어느 누구라도 좋으니 털북숭이 친구가 채워 줬으면 했다. 그래서 우리 집에 오게 된 아이는 라이스. 무늬보다 조금 큰 아이인데 얌전하고 소심한 아이란다.

그렇게 우린 한 해의 마지막 날 다시 구조견 임시보호를 시작했다.

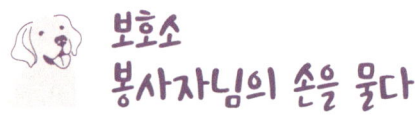
보호소
봉사자님의 손을 물다

💕 '라이스'를 데리러 보호소로 향했다. 알려주신 주소 근처에 갔는데 여기가 맞나? 싶다가 가까이 갈수록 개 짖는 소리가 많이 나는 건물이 있어 제대로 왔구나 싶었다. 보호소에는 보호소 담당 크루와 봉사자분들이 계셨다. 담당자분들과 이야기를 나눌 때 아이들 목소리에 내 목소리가 묻힐까 입모양도 크고 목소리도 크게 냈는데, 의외로 그분들은 편히 말씀하시는데도 잘 알아들을 수 있었다.

라이스다. 견사에 있는 라이스를 처음 보았다. 겁을 낼 것 같아서 가까이 다가가지 않았다. 움직임도 최소화했다. 라이스는 듣던 대로 겁쟁이의 모습이었다. 견사에서 켄넬로 옮기는데 계속 어딘가 불안해 보였다. 무사히 켄넬 안으로 이동한 라이스. 갑자기 켄넬에 옮겨져 이동하는 것도, 낯선 사람들이 자신을 보는 것도 겁이 났던지 라이스는 잔뜩 경계하고 있었다. 담당자분이 라이스의 목줄을 채우려 하시는데 순간,

"아얏."

많은 개가 짖고 있어서 소란스러웠지만 사람의 외침은 잘 들렸다. 담당자의 손에서 피가 나고 있었다. 제대로 겁이 난 라이스가 자기도 모르게 이빨로 손을 긁은 것인지 깨문 것인지 얕지만 확실한 상처를 만들었다. 이곳에서 목줄을 하는 것은 무리일 것 같다는 우리의 걱정에, 손에서 피가 나는데도 아픈 내색 하지 않으신 담당자분은 남은 절차를 마무리하고 무사히 라이스의 켄넬을 차에 실었다. 남편과 나는 어버버거리느라 큰 도움이 되지 못하고 옆에서 분주하게 왔다 갔다 하기만 했다.

켄넬에 담긴 라이스, 그 옆자리에 내가 앉았다. 카시트에 탄 무늬는 조수석으로 옮겼다. 남편은 시동을 걸고 가만히 있었다. 놀란 라이스가 사람을 공격한 것이 염려스러웠던 것이다. 1월 초부터 남편이 바빠서 재택근무도 어렵고 야근을 자주 할 거라 라이스를 돌보는 데 도움을 주지 못하고 주로 내가 일임할 것 같은데, 사람의 손을 무서워해서 공격성을 보이는 라이스가 괜찮겠냐고 했다.

그 말도 일리가 있었다. 사실 나도 매우 놀란 상태였다. 사람의 손을 무는 구조견을 집에서 케어해 본 경험이 없고, 임시보호 전 라이스에 대해 알았던 사실과 조금 다른 모습을 보게 된 까닭이었다. 물론 언제든 상황에 따라 새로운 성향이 발견될 수도 있지만, 어느 쪽이든 단체 담당자 분과의 확실한 소통이 필요했다. 무턱대고 데리고 갔다가 라이스에게 큰 도움을 주지도 못하고 왔다 갔다 하게만 할 수는 없으니. 현장에 계시지 않았던 단체의 입양 담당자분께 연락했다.

상황을 들은 입양 담당자는 라이스는 아까와 같은 혼란스러운 상태에서 목줄을 매도록 시도하면 안 되는 아이며, 뭐든 천천히 시도해야 했는데 방금 전의 상황은 라이스가 매우 놀랐을 것 같다 말했다. 나는 입질을 하는 아이를 케어해 본 적이 없음을 알렸다. 라이스를 외면하기 위한 면피로 들리지 않기를 바라며, 그래도 가족을 만나기 전까지 아이의 안전을 책임져야 하는 사람이므로 나의 능력에 대해 솔직하게 말해두어야 한다고 생각했다. 아까 다 채우지 못한 목줄이 라이스의 목에 헐겁게 매달려 있었다. 당장 라이스가 켄넬 안에서 저 목줄을 씹어 물거나 삼킬 때 내가 제어할 수 있을지 염려되었다. 단체 분께서 집이 그 근처인데 잠시 들려주실 수 있냐고 말씀하셨다. 갈 수 있다고 말하고, 바로 출발했다.

우선 라이스에게 채우려 했던 목줄은 너무 작아서 맞지 않는 것이었다. 보호소 담당자분도 안 맞는 걸 채우려 애쓰시다 상처가 나셨던 것. 다시 생각해도 안타깝고 속상했다. 라이스의 사이즈에 맞는 목줄로 바꿔 주며 라이스의 성향에 대해서도 다시 간결하게 설명해

주셨다. 그걸 들으며 라이스를 컨트롤할 수 있겠다는 자신감보다, 지금 라이스에게 해줘야 할 도움의 수준이 생각보다 크지 않음을 알게 되었다. 실내배변을 하는 아이인 데다 산책 훈련을 하지 않았기에 아직은 목줄과 리쉬를 착용할 일이 없었다. 신중하고 겁이 많은 성향이라, 안정적인 환경을 제공하고 임시보호 가족으로 대표되는 사람과의 관계를 조성하는 게 우선이었다. 그리고 생각보다 어린 라이스는 잘 먹고 잘 자고 쑥쑥 커야 할 퍼피이므로 맛있고 영양가 높은 밥을 챙겨주는 게 중요했다.

그럼 할 수 있겠다. 지금 라이스는 임보자와의 관계보다는 삶의 질 향상이 우선이다. 최고로 좋은 밥과 깨끗한 물, 24시간 따뜻한 집에서 아무 걱정 없이 늘어져라 자는 낮잠 시간, 라이스만의 체취가 담긴 포근한 담요와 푹신한 방석. 해주고 싶은 것들, 해줄 수 있는 것들이 머릿속에 떠오르기 시작했다. 라이스를 태운 우리 차, 잠시 멈칫했지만 다시 출발했다.

목적지는 우리 집.

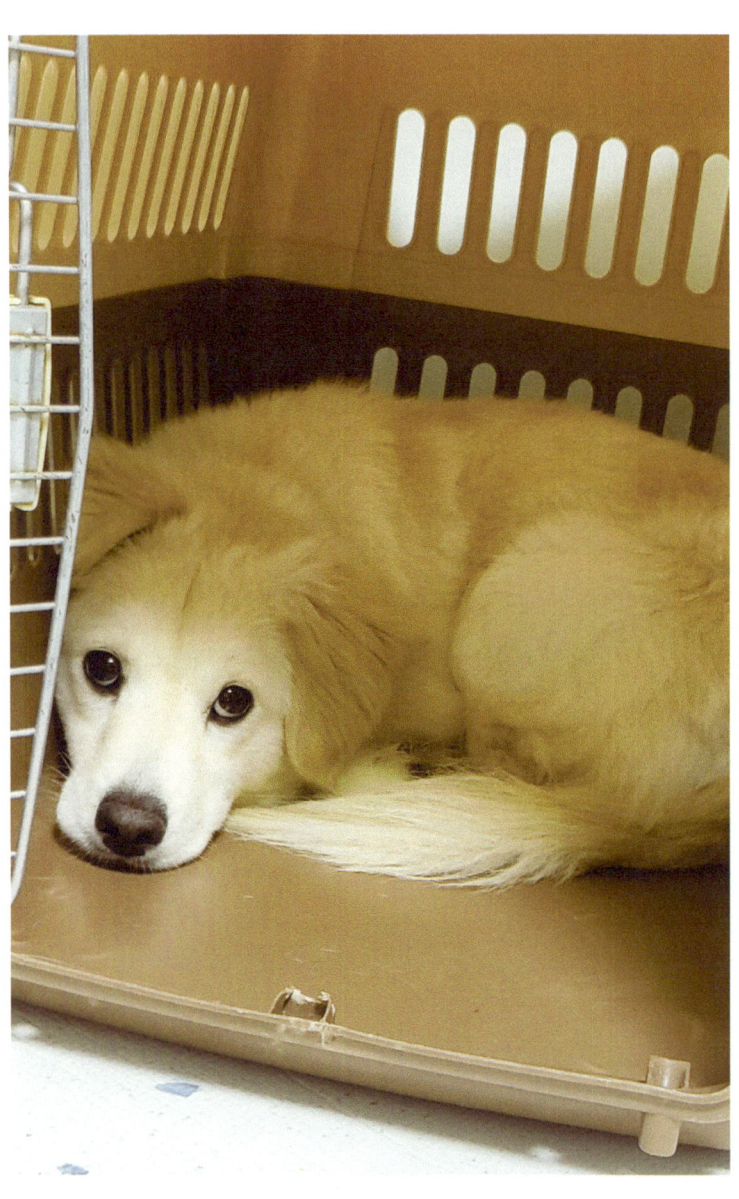

사랑은 분명
강아지 모양일 거야

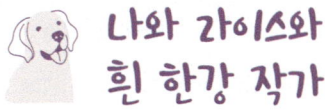
나와 라이스와 흰 한강 작가

💕 한 해의 마지막 날에 찾아와 함께 새해를 맞이한 라이스! 한 해의 마무리와 시작을 함께한 이 특별한 하숙생은 숨소리 하나 밖으로 새어 나갈까 걱정하나 싶을 정도로 조심스럽게 첫 밤을 보냈다. 라이스가 머무는 곳에 웹캠을 설치해서 자기 전까지 살펴봤다. 하지만 켄넬 안에 들어가 한 발짝도 나오지 않아서 무얼 하고 있는지 알 수 없었다. 여느 때와 같이 일어났을 아침, 갑자기 낯선 사람 손에 이끌려 영문도 모른 채 몇 번 타본 적 없는 자동차를 타고 멀리 달려왔다. 도착한 곳 역시 처음 와 보는 낯선 공간. 단체의 보호소보다는 집이 따뜻하고 아늑하다지만, 익숙한 봉사자분들과 양옆에 자고 있는 친구들이 없는 곳이라면 라이스로서는 견생 최대의 위기로 느껴질 수 있을 것이다.

어제와 오늘은 작은 라이스가 태어나 보낸 하루 중 한꺼번에 가장 많은 변화가 생긴 날일 것 같다. 피곤해서 곯아떨어졌을지, 한껏 경계하느라 뜬눈으로 밤을 지새웠을지. 두 가지 상황 다 딱하고 안쓰

럽긴 하지만, 그나마 조금이라도 잠을 자는 게 나았을 텐데. 동그랗고 작은 머리로 무슨 생각을 하다 잠들었을지 마음이 쓰였다.

  라이스의 보금자리는 우리 집에서 가장 조용한 서재에 마련했다. 서재에서 가장 아늑한 모서리에 있던 독서용 1인 소파와 풋 스툴을 거실로 옮겼다. 그 자리엔 라이스의 켄넬과 방석, 물그릇을 갖다 놓았고, 러그 대신 강아지용 매트로 바꿔 깔았다. 무늬와는 천천히 인사하여 서로의 성향을 파악하며 합사하기로 했다. 서재 문에 안전 난간을 설치했다. 켄넬 문은 진작 활짝 열어놓았지만, 라이스는 그 안에 도넛처럼 동그랗게 몸을 말고 누운 채 까만 눈동자만 굴리고 있었다. 혹시 배가 고프면 켄넬에서 나오지 않을까? 밥과 물그릇을 켄넬에서 조금 걸어 나와야 먹을 수 있는 자리에 두었지만 코만 킁킁거릴 뿐 관심을 보이지 않았다.

  우리 집에 강아지 왕족의 수맥이 흐르는 걸까. 무늬도 코앞까지 갖다 드려도 먹을까 말까 한 쫄보 공주님인데 라이스 애도 겁쟁이 왕자님인가 보다. 켄넬 안에 밥그릇을 넣어줬다. 그래도 안 먹는다. 아, 미천한 이 몸은 자리를 비워드려야 한다는 거구나. 알았다. 나와서 방문 옆 사각지대에 숨어 있었다. 얼마 안 있어 들린다. 언제 들어도 듣기 좋은 냠냠짭짭 강아지 밥 먹는 소리가. 소리가 금방 멎었다. 웹캠으로 살펴보니 밥그릇이 깨끗하게 비었다. 겁이 많은 왕자님치고 밥은 잘 먹으니 다행이었다. 식음을 전폐하고 움직이지도 않으려 하는 애(입양 초기의 무늬)를 보고 걱정에 발만 동동 구르던 지난날이 떠올랐다. 무늬보다 나은 첫출발이면 나쁘지 않다. 라이스!

살짝 들어가 밥그릇을 들고나왔다. 금방 또 사부작거리는 발걸음 소리가 들렸다. 가보니 넓게 펼쳐놓은 배변패드 하나에 노란 쉬를 해 놨고, 쉬를 밟은 채 여기저기 돌아다니며 발자국을 내놨다. 그래 놓고는 아무것도 안 한 척, 움직이지 않은 척 켄넬에 들어가서 나를 빤히 바라보고 있었다. 아이고 착하고 기특해! 작은 목소리로 칭찬해 주고 패드를 새 걸로 갈아준 뒤 대충 바닥을 훔쳐서 발자국을 없앤 후 나왔다. 얼마 후 또 사부작거리는 소리! 이번엔 다른 패드에 갈색 응아를 해 놨다. 아이고 예뻐라! 낯선 곳에서 배변을 하는 용기라니. 내 기준에서는 너무 용감한 아이였다. 기특한 라이스네~라고 칭찬해 주며 깨끗하게 치워줬다.

저녁 먹을 시간쯤이었나. 서재방에서 우당탕거리는 소리가 들렸다. 빠른 걸음으로 방 앞에 가 보니 켄넬 문이 내가 열어놓은 거보다 조금 닫혀 있고 켄넬이 비어 있었다! 라이스는 어디에? 방의 다른 구석에 있는 수납장 아래 쪼그리고 앉아 있었다. 무언가 놀란 듯한 표정인 걸 보니 아마 켄넬에서 나오다 몸이 문에 걸렸거나 문을 쳐서 난 소리에 놀란 것 같았다. 벽 고정형 수납장인데 바닥과 수납장 사이의 높이가 라이스가 앉거나 누워 쉬기 딱 좋았다. 좋은 자리 잘 찾았네 싶다가 '아차!' 싶었다. 집에 올 때 겁나서 켄넬에 지려 놓은 대변 생각이 났다. 라이스가 놀랄까 봐 건드리지 못했던 건데 이때다 싶었다. 휴지와 탈취제를 가지고 와 치우고 깨끗하게 닦아 주었다. 속이 다 시원했다. 이 참에 켄넬도 치워버릴까 잠시 고민했다. 그래도 '하우스' 교육을 하거나 하며 켄넬이 익숙하면 좋을 듯해서 켄넬은 그대로 두고 귀여운 담요를 깔아 주었다.

구조 단체의 입양 담당자분들이 계신 대화방에 켄넬에서 나온 라이스 사진을 보냈다. 예상보다 빨리 나왔다며 좋아하셨다. 우연히 벌어진 일인 데다 의도치 않게 나버린 쿵 소리가 무서워서 켄넬로 다시 못 들어간 것 같긴 하지만, 어쨌든 라이스가 내디딘 작은 용기에 크게 기뻐하는 그분들의 마음과 내 마음 또한 같았다. 나 역시 켄넬에서 나온 라이스가 대견해서 왠지 자랑하고 싶었던 것 같다. 구조해준 단체 분들께는 고맙다며, 임시 가족이 된 우리에게는 반갑다며, 수줍은 라이스가 준비한 이벤트라고 생각하기로 했다.

사람을 낯설어하는 듯한 라이스를 위해 방에서 천천히 걷고 낮게 앉아서 가까이 다가갔다. 행동도 조심했지만 사람의 목소리가 낯선지 말을 해도 움찔하는 것 같아서 이름을 자주 부르고 이런저런 말도 걸었다. 예전에 무늬를 입양했을 때, 아가들에게 그러하듯 자기 전에 책을 읽어줬던 게 생각났다. 무늬에게 효과가 있었는지 모르겠지만, 좋은 음악을 들은 식물이 곧고 튼튼히 자란다는 연구 결과를 어딘가에서 본 적 있기에, 예쁘고 아름다운 말을 라이스에게 들려주는 게 나쁠 건 없겠지 싶었다.

책장에서 한강 작가의 소설 『흰』을 골랐다. 날개, 모래, 달, 각설탕, 흰나비처럼 흰빛을 띤 65개의 사물들에 대한 짧은 글을 엮은 책이다. (심지어 중간쯤엔 '쌀과 밥'도 있었다. 라이스의 영어 이름은 Rice!) 하루 분량도 길지 않고 글 수도 2달 정도 읽어주면 딱 좋아 보였다. 모든 개는 한없이 투명하고 순수하다. 특히나 라이스 같은 아기 강아지는 세상의 편견을 학습하지 않은, 그야말로 새하얀 눈처럼 티 없이 맑고 깨끗한 상태다. 아기 라이스가 차분히 세상과 만날 준비를 하며 온 마음으로 품어줄 가족을 만날 때까지, 아름다운 문장들로 라이스의 밤을 수놓아줘야겠다. 잘해보자, 라이스!

상파울루의 시간을 사는 강아지와 함께

💕 임보 3일째, 라이스는 여전히 작은 서재방에만 머물고 있다. 방 안에서도 그 방의 가장 구석진 곳에 웅크리고는 불안한 눈빛으로 오가는 우리를 쳐다보고 있다. 사각형 방의 벽과 벽이 만나는 꼭짓점, 위로는 라이스가 서면 머리가 딱 닿을 만큼의 높이에 선반이 있는 곳이다. 뒤쪽과 위쪽을 막아주는 구조인 데다 방문을 살짝 비스듬하게 볼 수 있기에, 자기 딴에는 그곳을 방 안에서 가장 안전한 곳이라고 느꼈나 보다.

그래도 켄넬에서 나온 뒤 다시 들어가지 않고 있다는 걸 고무적으로 보고 있다. 라이스가 스스로 이 집이 안전하다는 걸 깨닫게 하기 위해 일주일가량은 밥 주고 배변만 치워주는 사람이 되기로 했다. 다행히 하루 3끼 모두 잘 먹는다. 건사료만 줬을 때의 반응이 시원찮아서 습식사료와 섞어 줬더니 폭풍 흡입한다. 첫날과 둘째 날엔 물을 잘 안 마셔서 걱정했는데, 셋째 날부터는 물도 벌컥벌컥 잘 마신다. 쉬야랑 응아만큼은 자신감 있게, 시원하게 해결하는 라이스. 변질도 좋고 소변의 색도 나쁘지 않다. 참혹한 환경에서도 큰 탈 없이 건강하게 자라주어 고맙다.

라이스가 자리 잡고 누운 곳에 옆으로 다가가 앉았다. 손바닥으로 손을 보여주고 등 쪽과 엉덩이에 조심스럽게 대 봤다. 움찔하는 듯 배 쪽이 울렁거리니 등 쪽의 털도 미세하게 움직였다. 솔직히 라이스에게 다가가기가 조금 무서웠지만, 개들은 상대의 감정을 귀신같이 눈치채는 아이들이니 들키지 않으려 짐짓 의연한 척했다. 터치를 허락해 주다니 그 역시 좋은 사인이지 싶었다. 우리 사이 희미하게나마 그린라이트가 켜진 걸까?

아니었다. 문제는 밤에 생겼다. 그 얌전하고 조용했던 라이스가 잠을 안 자는 것이었다. 라이스가 있는 방과 우리의 침실은 복도를 사이에 두고 나란히 자리해 있어서 침실의 문을 활짝 열고 침대에 누우면 라이스가 있는 방이 훤히 보인다. 라이스는 밤이 되자 달의 기운을 받은 듯 은둔하던 구석을 박차고 나와 빠르게 방을 왔다 갔다 하기 시작했다. 땅에 박힌 바위처럼 묵직해 보였던 라이스의 엉덩이가 그렇게 가벼웠을 줄이야! 급한 걸음으로 무언갈 찾는 듯하다가 뭔가 속상하다는 듯 "히잉" 하고 칭얼거렸다. 안 들리는 척 무시해야 하나? 반응을 보이면 계속할 수도 있는데.

4. 라이스

방의 이것저것을 건드리며 나는 소음과 신나 보이는 발걸음, 칭얼거리는 목소리에 잠을 이루기 힘들었다. 역시나 새벽 출근을 해야 하는 남편은 복도 반대편 끝의 옷방에 토퍼 매트리스를 펴고 자야 했고, 나는 이따금 라이스가 있는 방을 들락날락하며 낮에 참았다 한꺼번에 하는 듯한 배변을 치우고 라이스를 진정시켜 보았다. 무늬도 침대에서 연신 뒤척이는 걸 보니 밤잠을 설치는 듯했다.

소란스러웠을 보호소를 나와 따뜻하고 포근한 공간이 어색해서 그런가? 그래도 처음으로 혼자 조용히 잘 수 있는 건 좋은 거 아닌가? 게다가 그다지 날 좋아하는 것 같지도 않은데, 왜 칭얼거리지?

내 머릿속이 이런저런 생각으로 복잡해지는 것과 동시에 라이스는 30분~1시간 간격으로 푸닥거리하듯 분주하게, 그리고 어딘지 모르게 규칙적으로 소란을 떨었다. 라이스가 좀 진정했다 싶을 때 나 역시 조금이라도 자보려 눈을 감았으나, 작은 소리에도 웹캠 앱을 실행해 라이스를 살펴보느라 도통 잠을 자지 못했다. 새벽 5시 반, 남편의 알람 소리까지 듣고서야 밤을 꼬박 새웠다는 걸 알았다. 남편이 출근 준비를 하느라 움직이고 나 역시 무늬 아침 산책 겸 남편 라이딩을 위해 거실과 화장실을 돌아다녔다. 그제서야 라이스는 조용해졌다.

포털 사이트에 '시차'라고 검색하니 서울을 기준으로 주요 도시의 현재 시각을 표시한 지도가 떴다. 지금 시간은 저녁 7시 38분. 상파울루와 부에노스아이레스는 아침 7시 38분. 어느 책에선가 스치듯 읽은 기억이 있는데 우리나라에서 땅을 파고 들어가면 브라질이나 아르헨티나쯤에서 하늘을 볼 수 있다고 했다. 그때부터 내가 사는 곳에서 지구 반대편에 있는 나라라면 이 두 나라를 떠올렸다.

이번 새 식구 라이스는 브라질의 상파울루쯤에서 살다 온 강아지인가 싶다. 12시간의 시차만큼이나 아직은 거리감이 느껴지는 우리의 관계. 땅을 파 지구 반대편에 닿을 기세로 라이스 마음속 어둡고 깊은 곳을 향해 들어가려 노력하다 보면 언젠가 닿지 않을까. 그때까지 우리의 낮과 밤은 곱게 접어서 서로 맞닿게 해 놔야겠다.

잘 부탁해. 라이스!

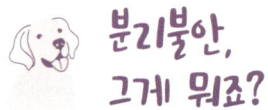 # 분리불안, 그게 뭐죠?

💕💕 라이스를 임시보호하고 처음으로 집을 비워보기로 한 날이었다. 라이스가 혼자서도 잘 있고, 함께도 잘 있는 둥글고 씩씩한 아이가 되었으면 했다. 그래서 조금 이른 감이 있지만, 아직 우리와 애착 관계가 생기기 전이 오히려 자연스럽게 서로의 부재를 받아들일 수 있을 것 같아 길지 않은 시간 동안 집을 비워보기로 했다.

전날 밤 누워서 남편과 조잘조잘 떠들며 플랜 A, B, C의 시나리오를 복기했다. 잠들기 전 머릿속으로 시뮬레이션도 해봤다. 당연히 우리의 바람대로 하울링 한번 하지 않고 자기만의 시간을 보내는 멋진 라이스를 상상했다. 우리가 예상하기에 라이스는 가족 구성원의 부재를 이해할 만큼 긴장을 내려놓지 않은 듯했다. 그래서 누군가 집에 있고 없음을 인지하지 못할 거라 생각했다. 그래도 혹시 모르니 집을 나가는 길에 회사에 있는 남편에게 틈나는 대로 아이들을 웹캠으로 살펴 달라고 부탁했다. 라이스의 반응에 따라 언제든 다시 집에 돌아올 수 있어야 했다.

라이스는 처음 집에 왔을 때 그대로 서재에 머물고 있었다. 라이스와 무늬는 아직 완전 합사를 하지 않은 상태였고 아침저녁으로 짧게 인사하고 있는 사이여서 안전문을 설치해 두었다. 무늬는 우리가 집을 비울 때면 안방이나 거실, 서재 등 어느 곳에나 무늬의 침대나 소파가 있기에 자기 마음에 드는 곳에 머물곤 한다. 지금은 서재에 라이스가 있으니 아마 안방 침대나 거실 소파에 있을 것 같았다. 내가 나올 땐 안방 침대 한가운데 편히 누워 외출 준비를 하는 날 눈으로 좇고 있었다. 가끔 함께 나가고 싶다고 애교를 부릴 때도 있지만 다 함께 외출인지, 아니면 자기는 집에 있어야 하는지 빠르게 알아챈다. 입양 초창기의 무늬는 우리가 외출하면 아무것도 하지 않고 한 자리에 누워 잠만 자서 걱정이었다. 하지만 어느덧 돌아다니며 자리도 옮기고 물도 마시고 털이 눌릴 정도로 꿀잠을 자고 있다가 우리가 돌아오면 엄청 반가워하는 멋진 아이가 되었다. 라이스도 혼자 있음을 외로움과 두려움과 같은 어두운 뜻으로 치환하지 않는 아이로 자랐으면 했다.

집을 나갈 때부터 웹캠을 켜고 라이스가 기거하는 곳을 살폈다. 현관문이 닫히는 소리와 함께 라이스는 부산스럽게 돌아다니기 시작했다. 내가 집에 있어도 조용할 때나 밤중에 혼자 신나서 놀 때 하는 행동과 비슷해 보였다. 라이스와 무늬를 집에 두고 운동하러 가는 정도의 외출은 가능하겠구나 싶었다. 운동을 하는 동안 남편이 웹캠을 살펴줬다. 라이스는 특별히 불안함을 표현하는 행동은 하지 않았다고 했다. 분리불안이나 고립 장애[6]가 있는 개들은 다양한 행동으로 불안을 표출한다. 보호자의 냄새가 나는 물건, 이를테면 실내화나 옷, 침구류 들을 물거나 끌어와서 자신의 곁에 둔다. 쓰레기통을 뒤지거나 휴지를 뽑아놓는 등 불안감을 해소할 만한 거친 장난을 친다. 때에 따라선 벽지나 배변패드를 찢거나 방문 몰딩, 의자 다리같이 딱딱한 가구를 깨물거나 긁기도 한다. 다행히 우리의 씩씩한 라이스는 아무 행동도 하지 않았다.

라이스가 만나게 될 가족의 거주 환경이 우리 집보다 라이스가 살기 편하다면 더할 나위 없이 좋겠으나, 대한민국의 반려견은 아파트와 같은 공동 주택에서 살게 될 확률이 높다. 라이스가 공동 주택의 인간 이웃들과 평화롭게 공존할 수 있도록 함께 하나씩 해나가고 있다. 그중 집에서 짖거나 하울링을 하는 등 소음을 유발할 수 있는 문제 행동을 하지 않는 것이 중요하다고 생각했다. 무늬 입양 초반을 떠올리며 라이스와도 연습해 보려 했다. 무늬 땐 일부러 짧은 외출을 했다 들어오며 무늬가 잠깐동안의 보호자의 부재, 혹은 혼자 있기에 거부감을 갖지 않도록 천천히 연습했다. 가족이 집을 비워도 건강하고 무사히 돌아온다는 기억을 자주 만들어 주었다.

일관된 보살핌을 제공하는 보호자에게 반려견은 무한 신뢰로 답한다. 시간과 노력을 쌓아 탄탄한 유대감을 쌓으면 서로의 부재를

---

6 고립 장애: 특정 사람(보호자)과 떨어져 있는 걸 두려워하는 분리 불안과 달리 공간에 혼자 남겨지는 것을 불안하거나 무서워해서 나타나는 개의 행동.

두려워하지 않게 될 것이라 믿는다. 물론 지금 라이스의 상태로는 보호자로서의 연대감 쌓기 이전에 인간의 목소리와 손짓, 몸짓 등 인간에 대한 불신을 거둬들이는 것이 우선이다. 그렇기에 무늬 때보다 조금 어렵지만 많이 내려놓고 하나씩 점진적으로 해나가려 한다.

하나 더, 내가 봐온 개는 기쁨과 즐거움, 반가움과 같은 환희의 감정도 컹컹거리는 짧은 짖음으로 표현하기도 한다. 잠깐씩 짧게 짖는 것 또한 이웃에게는 소음이 될 수 있다고 생각하면 마음이 무거워진다. 이처럼 모든 게 다분히 인간 중심적인 사고에서 수립된 규칙을, 무늬에게 그러했듯, 라이스에게도 알려줘야 한다. 인간과 개가 함께 어우러져 살기 위해 서로 배려하는 길이라 생각하고 무늬와 라이스, 개 친구들이 우리에게 해주는 배려와 양보는 꼭 어떻게든 다른 식으로 갚아야겠다. 깨끗한 잔디와 큰 나무가 있는 멋진 공원 산책 코스를 만들어준다거나 함께 있는 시간 동안 최선을 다해 놀아준다거나.

무리하지 않는 선에서 라이스가 납득할 수 있는 속도로 조심스럽고 천천히 해나가는 것으로 조금이나마 우리의 고맙고 미안한 마음이 전해지기를 바라며.

강아지 찐친 만들기 프로젝트

💕 라이스는 아직 목욕을 못한 꼬질이 상태였다. 우리 집에 오기 전 보호소에서 싹 씻겨 주셨는데, 오는 길에 켄넬에 대변 실수를 하고는 깔고 뭉개고 이틀 동안 그대로 지내서 움직일 때마다 꼬릿한 냄새가 난다. 그렇지만 여전히 겁이 많고 긴장감이 높은 편이라 라이스를 안아 올리지도 못하고, 그렇다고 목줄과 리쉬로 함께 걷기도 어려워 보여서 미루고 있다. 그래도 내일이 주말이니 남편과 합심해서 어떻게든 씻겨야 할 것 같다.

라이스와 시간을 보내기 위해 낮에는 주로 서재에 머물고 있다. 집에 있을 때면 조용히 날 따라다니며 발밑이나 손을 뻗으면 닿을 정도의 거리에 누워서 자리를 잡는 것으로 애정을 표현하는 무늬는 역시나 서재에 따라 들어왔다. 초반에는 구석에 누워 눈만 굴리는 라이스를 본체만체했다. 분명 라이스의 존재를 인지했는데 투명 강아지라는 듯 못 본 척하고는 좋아하는 자기 방석에 누워 있다가 내가 방을 나가면 라이스에게 눈길 한번 안 주고 함께 방을 나왔다.

무늬는 그동안 임시보호견과의 동거를 세 번이나 경험했다. 라이스를 포함한 우리 집 임보견은 우연히 모두 퍼피였다. 무늬는 평소 집이 아닌 곳에서 개친구들을 만나면 자신과 비슷한 나이 때의 아이들과는 곧잘 놀았지만, 몸이 작거나 어린 친구들은 몇 번 모른 척하다 계속해서 자신에게 다가오면 어떤 식으로든 싫은 감정을 표현했다. 무늬의 성향을 보면 퍼피와 맞지 않을 것 같긴 하다. 집에서의 무늬는 고양이가 아닌가 싶을 정도로 조용하고 우아하게 움직인다. 우리와 함께 있을 때도 곁엔 있지만 다가와서 쓰다듬어 달라는 식의 애정을 갈구하는 행동을 하지 않고, 다만 같은 공간에 누워 사랑스럽게 바라봐서 결국 우리가 다가가게 만드는 고수 강아지다. 밥을 줘도 허겁지겁 먹지 않고 마치 맛을 음미하는 듯 천천히 꼭꼭 씹어 먹는다. 물론 산책 나가기 전에나 다 함께 외출하기 전에, 좋아하는 간식으로 노즈워크를 할 때, 자기 전 치카껌 먹을 때처럼 자신이 좋아하는 순간엔 뱅글 돌거나 엎드렸다 점프 뛰었다 하며 개다운 천진난만함을 보여주기도 한다. 그럼에도 평상시의 모습은 영락없이 도도하고 기품 있는 공주과의 아이다.

그런 성격을 가진 아이라 그런지 무늬는 퍼피 특유의 개구쟁이 기질과 부산스러운 움직임을 성가셔하는 것 같았다. 마치 중학교에 입학한 언니가 초등학교 동생을 대하듯 아가들이 뛰어놀면 '너 공놀이해? 난 그거 너무 유치해.'라고 말하는 듯한 표정으로 소파 위에 엎드려서 쳐다보다 조용한 곳으로 자리를 옮겼다. (혼자 있을 땐 자기도 공놀이 너무 좋아하는 거 우리는 알지만.) 뒤꽁무니에 붙어 따라오려고 하면 짧고 굵게 성질 한번 부려주는 것도 잊지 않았다.

라이스는 임시보호한 세 아이 중 아직까지는 가장 조용하고 의젓한 편이었다. 그래서 하루하루 갈수록 '그래도 라이스는 무늬와 잘 맞지 않을까?' 생각하며 둘의 궁합에 대한 기대를 살짝 하기도 했었다.

어느 날이었다. 서재의 내 옆자리에 놓인 방석에서 한숨 자고 일어난 무늬가 앞뒤로 깊게 기지개를 켜며 라이스를 바라봤다. 그러더니 미약하게 꼬리를 치기 시작했다. 의외였다. 무늬는 그동안의 임시보호견에게 관심이 없거나 귀찮아하기 일쑤였는데, 이렇게 먼저 호감을 보이는 건 라이스가 좋아서인 걸까 혹은 많은 친구를 만나고 또 임시보호도 세 번째가 되다 보니 새 친구에 대해 조금 적극적으로 변한 건가 알 수 없었지만 두 가지 다 상관없었다. 중요한 건 무늬가 라이스를 좋아하는 것 같다는 점!

둘은 한참 서로의 몸 이곳저곳의 냄새를 맡았다. 앞발을 가볍게 구르거나 살짝 뛰거나 반원을 그리며 돌면서 유쾌한 동작으로 서로 인사를 나눴다. 무늬가 좀 더 적극적인 편이었고 라이스는 함께 방 안에 있는 나를 의식하는지 힐끔거리거나 그래도 이 집주인 느낌인 무늬의 기에 눌렸는지 살짝 얌전한 몸짓이었지만 싫어하는 것 같지는 않았다. 잘 노는 것 같아서 내버려 두고 간간이 사진과 영상을 찍으며 나는 내 할 일에 집중했다. 몇 분가량을 그렇게 가볍게 노는 듯했다. 잠시 뒤 잠잠해져서 보니 라이스는 다시 자신이 좋아하는 구석 자리에 누워 있었고 무늬는 방석 위에서 잠을 자고 있었다.

큰일이다. 이렇게 되고 보니 둘의 사이를 너무 기대하게 돼버린 것.

무늬와 라이스의 사이, 생각보다 괜찮을 것 같다. 아니, 이러다 정말 찐친이 되면 어쩌지? 아아. 너무 즐거운 상상을 멈출 수가 없어져 버렸다.

 # 김다민이 사는 세상

💕 다민이는 나의 하나뿐인 조카이자 우리 집의 유일한 어린이이다. 10월이면 9살이 되는 다민이는 어릴 때부터 근처에 계신 나의 부모님, 그러니까 다민이에게는 할머니와 할아버지가 되는 나의 엄마 아빠를 자주 보며 자랐다. 자연스럽게 그 집에 있는 솔이를 볼 기회가 많았다. 솔이는 내 동생이고, 다민이는 나의 언니와 형부의 아들이라 족보를 따지면 솔이는 다민이의 막내 이모가 되어야 하지만, 다민이는 솔이의 이름을 부른다. 호칭 없이 서로 이름을 부르는 미국의 가족문화를 도입했다 치기로 했다. 솔이에게 다민이를 말할 때도 '다민이'라 하니 똑똑한 솔이는 금세 다민이의 이름을 기억하고 아는 척을 했다. 솔이가 내 이름은 모를 텐데라고 생각하니 솔이가 이름을 기억해 주는 다민이가 조금 부럽기도 하다.

다민이와 솔이의 대면식은 우리 가족에게는 제법 기대되는 이벤트였다. 아이와 개 조합은 절대 실패할 수 없는 극강의 사랑스러운 조합이기도 하고, 낯선 사람은 다 싫어하는 솔이가 과연 다민이를 가족으로 인지할지 여부가 포인트였다. 우스갯소리로 우리 가족이 되려면 까다로운 가족 감별사인 솔이에게 합격을 받아야 했다. 형부와 나의 남편도 솔이의 검증을 거쳤다. 결혼 초반에는 경계했지만 서서히 가족임을 눈치채고는 어느 날 갑자기 배를 까고 누워 애교를 부렸다. 합격! 그래서 우리와 비슷한 냄새가 나는 다민이도 가족임을 알거라 믿었다. 다민이의 성장을 지켜보며 엄마와 언니, 나는 둘의 만남 시기가 언제쯤이 적당할지 조율해 나갔다.

만약의 상황도 충분히 고려했지만 솔이와 다민이는 잘 해낼 거라 믿었다. 다만 모든 상황에서 우리의 대응이 완벽할지 우리를 믿을 수 없었다. 또 개들 중에는 과거의 경험에서 비롯되거나 혹은 가지고 있는 성향에 따라 사람의 성별, 연령을 구분해 특별히 좋아하거나 싫어하는 기호가 있는 아이들이 있다. 무늬만 해도 사람을 특별히 무서워하지 않는데 유독 초등학생 정도 되는 어린이는 무조건 무서워한다. 아마 갑작스럽게 큰 소리를 내거나 움직이는 아이들을 대면한 경험이 축적되어 그런 것 같다. 유·아동을 거의 만난 적 없는 솔이가 혹여나 다민이가 움직이는 속도나 내는 소리에 당황할 수도 있을 일이었다. 우리끼리 적어도 다민이의 몸무게가 15kg를 웃돌 즈음 둘을 제대로 소개하자고 했다.

30kg은 되어야 대형견으로 분류되는 나라도 있지만 아파트가

숲을 이루는 베드타운에 살고 있는 K-강아지 솔이는 대형견이다. 산책길에 솔이를 본 아이들 중에는 가던 길을 가는 중인 솔이를 보고 너무 크다, 무섭다 말하기도 한다. 조금 억울해서 '이거 다 털찐거야.'라고 말하고 싶지만, 반려견이 낯선 아이들 눈에는 솔이가 엄청 거대해 보일 수도 있을 것 같았다. 다민이는 걸음마를 할 무렵부터 솔이를 보면 방긋방긋 웃었다. 걷기 시작하고 나서부터는 엄마와 할머니가 막아서도 교묘하게 솔이에게 다가갔다. 말을 하면서부터는 "솔아~" 하고 이름을 부르고, 비어있는 솔이의 밥그릇에 고봉밥을 쌓고 표면장력이 생길 만큼 물그릇을 가득 채워주는 것으로 늘 성실히 애정을 표현했다.

지금부터 할 이야기는 우리 가족이 가장 좋아하는, 너무 사랑스러운 에피소드다. 다민이가 단어를 내뱉어 의사를 표현하던 무렵, 엄마(나의 언니) 손을 잡고 동네를 걷고 있는데 하얀 강아지가 지나가는 걸 봤다. 그걸 본 다민이가 강아지를 가리키며 "엄마, 솔이."라고 말했다. 다민이 엄마는 "아냐, 다민아, 쟤는 솔이 아니야. 다른 개야."라고 했지만, 그 후로도 얼마 동안 크고 하얀 개를 보면 다민이는 "솔이다. 솔이."라고 말했다. 작은 다민이의 세상에서 개는 오직 솔이로 불려야 했다. 다민이는 책을 읽을 때도 강아지가 등장하는 이야기를 좋아했고, 할머니 할아버지와 영상통화를 할 때도 솔이의 안부를 궁금해하며 솔이를 보여 달라고 했다. 솔이보다는 관심이 적지만 우리 집에 무늬가 가족으로 온 것도 신기해했다. 명절 때 무늬와 만나면

"이모, 무늬 이름은 왜 무늬예요?"라고 물어서 이야기해 줬다. 그러고 나서 무늬가 입고 있던 옷을 들어 무늬의 등에 있는 무늬를 보여줬다. 세상 작고 귀한 걸 만지는 듯 무늬의 무늬를 조심스럽게 쓰다듬던 다민이의 손길이 머문 곳마다 사랑이 묻어났다.

다민이는 세상 만물을 사랑하는 상냥한 아이였다. 난 고등학생이 되어서야 읽은 『슬견설』로 깨우쳤던 사실을 다민이는 이미 알고 있었다. 다민이에게는 귀여운 다람쥐와 토끼 친구처럼 사마귀도, 호박벌도, 거미도, 지네도 모두 친구였다. 다민이에게 이모가 보호 중인 개를 보여줘도 괜찮지 않을까, 다민이라면 받아들이지 않을까 싶었다. 언니와 상의해서 다민이에게 임시보호 하는 아이를 보여주기로 했다. 코로나가 기승을 부리던 시기라 직접 만나지는 못했고 영상통화로 달이를 보여줬다. 무늬가 아닌 개가 이모 집에 있다니! 다민이는 자못 놀란 목소리로 말했다.

"이모, 얘는 누구예요?"
"다민아, 얘는 달이야. 우리 집에 잠시 있을 거야."
"엥. 왜요? 자기 집에 안 가고요?"
"아. 음… 달이는… 그러니까 달이는 집이 없어."
"네????? 집이 없다고요? (정말 놀람)"
"응. 집을 찾고 엄마·아빠를 찾을 때까지 이모가 잘 데리고 있

4. 라이스

을 거야."

"허얼."

집도 없고 엄마 아빠도 없는 개가 있다니. 다민이는 큰 충격을 받은 듯했다. 해파리 친구도, 사슴벌레 친구도, 강아지 친구도, 모든 친구는 사랑으로 감싸주는 부모가 있고 따뜻한 보금자리가 있어야 한다. 다민이에게는 그게 당연한 상식이었다. 그 상식을 지키지 않는 비겁한 어른의 세계를 들킨 것 같아 부끄러웠다. 다음 날 언니에게 전해 듣기로, 다민이는 그날 밤 잠들기 전에 읽은 책 이야기보다 달이 이야기를 많이 했다고 했다. 달이는 정말 집도 없고 엄마도 없는 거냐 되물었다고 한다. 얼른 집과 엄마를 찾았으면 좋겠다고. 언니는 이모와 좋은 사람들이 달이의 집과 엄마를 열심히 찾고 있으니 걱정하지 말라고 말해주었다.

달이의 입양 후 두 번째로 맞이한 임시보호견 펠라도 다민이에게 소개했다. 처음 달이를 봤을 때처럼 크게 놀라지 않았다. 1년 새 자란 다민이는 펠라는 집에 있을 때 뭐 하고 노는 걸 좋아하는지, 좋아하는 음식이 무엇인지를 물었다. 의도하지 않았지만 다민이에게 임시보호견을 보여주며 마음을 다잡게 되었다. 다민이의 아름다운 세상을 위해서라도 꼭 아이들에게 좋은 가족을 찾아줘야지.

다행히 달이도, 펠라도 따뜻한 집과 좋은 가족의 품에 안겼다. 다민이가 8살 하고도 2달을 넘긴 시기, 세 번째 임시보호견 라이스를 데리러 가기 전날 다민이를 만났다. 라이스의 사진을 보여주며 이모가 또 이 친구의 집과 가족을 찾아주게 되었다고 했다. 다민이는 라이스의 얼굴을 유심히 살펴보더니 내게 물었다.

"이모, 펠라는 엄마랑 잘 있어요?"

이번엔 내가 놀랄 차례였다. 입양을 간 지 몇 달이나 지난 펠라의 이름을 또렷하게 기억하는 나의 다정하고 사려 깊은 조카. 펠라는 세상에서 가장 좋은 가족을 찾았다고 말했더니 "다행이네."라고 혼잣말을 했다.

언젠가 다민이에게 달이가 안락사 직전에 구조되어 우리 집에 오게 된 것, 펠라와 라이스가 살던 지옥 같은 외양간의 모습을 다 말할 수 있는 날이 올까. 가족이 없는 개. 길에서 아픈 개, 길에서 쓸쓸히 마지막을 맞이하는 개. 학대받고 방치되는 개. 사고파는 개. 동물들의 삶을 망쳐온 사람들의 유구한 역사를, 아직도 진행형이란 까무러칠 사실을 모든 동물의 친구인 다민이에게 다 들키고 싶지 않다. 이 참혹한 현실을 바꾸기 위해 더 노력하고 있지 못한 모자란 어른이라는 게 또한 부끄럽다. 언젠가 다민이도 이런 아픔에 분노와 책임감을 동시에 느낄 '어른'이란 게 된다면, 그때는 좀 더 나아질까. 부디 나아졌기를.

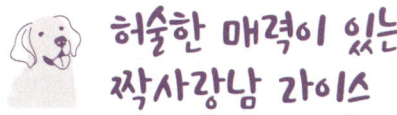
허술한 매력이 있는 짝사랑남 라이스

💕 무늬하고만 커뮤니케이션하려는 듯했던 라이스가 임보 2주 차에 접어들며 드디어 남편과 나에게 관심을 갖고 조금씩 다가오기 시작했다. 거실 테이블에 앉아 있으면 슬쩍 와서 발가락 냄새를 맡거나 뭉툭한 코로 무릎이나 종아리를 쿡 찔러보았다. 물론 조금 움직이거나 손을 뻗으면 다가온 속도의 2배 정도 빠르게 도망갔지만. 라이스는 이제 우리와 이곳에서 살아야 한다는 걸 인지한 걸까, 혹은 체념한 걸까.

어쩌다 보니 거실의 놀이 매트 한 가운데가 라이스의 배변 자리가 되었다. 배변패드를 갈아주기 위해 쪼그려 앉으면 맨살이 나온 바지와 셔츠 사이의 등에 촉촉한 무언가가 닿았다. 뒤로 슬쩍 다가온 라이스의 코였다. 그럴 때 라이스는 내가 어떤 반응을 해도 놀라기 때문에 그냥 모른 척했다. 남편이 출근하고 나면 주로 나, 무늬, 라이스가 집에 있었다. 대개 무늬는 내가 있는 곳에 머물렀다. 거실에 있다가 서재방으로 가면 쓰윽 들어와 서재방에 놓아둔 자기 침대나 러그, 소파 중 편한 곳에 자리를 잡고 누웠다. 내가 움직일 때마다 졸졸 따라오는 건 아니고 꼭 30초에서 1분 정도 지나면 '토도도' 하고 무늬의 발소리가 들린다. 어김없이 내가 있는 곳에 빼꼼하고 고개를 내밀어 쳐다보는 무늬. '실례합니다. 들어가도 될까요?'라고 말하는 듯하다. 나는 안다. 조용히 날 따라다니는 게 무뚝뚝한 무늬의 최고의 애정 표현이자 보호자 곁에서 안정을 찾는 것이라는 걸.

거실에 머물게 된 라이스는 위험할지 몰라 막아놓은 주방 공간을 제외하고는 어디든 올 수 있지만 오로지 거실에만 있을 뿐 좀처럼 방에 들어오지 않았다. 하지만 약속한 듯 마치 한 몸처럼 움직이는 나와 무늬가 안 보일 때면 라이스는 바빠졌다. 우리가 어디에 있는지 매분 매초 확인하기 위해서였다. 서재방에 있으면 방문 앞에 와서 물끄러미 쳐다봤다. 안방에서 쉴 때면 침대 위를 올려다보고 갔다가 다시 와서 보기를 반복했다. 몇 번 반복하다 안심이 되면 자기 자리로 돌아가서 쉬었다. 좋아하면서 안 좋아하는 척하지만 허술해서 다 들키고 마는 짝사랑남 같았다. 라이스가 한참 쳐다보고 있어도 모르고 있다가, 무늬를 향해 작게 '히웅히웅' 하고 우는 소리를 내면 그제야 알아차리기도 했다. "라이스, 왜?"라고 말하면 '아아무것도 아니예요. 그럼 전 이만!' 하며 후다닥 부리나케 달려가 자기가 머물던 자리로 돌아갔다. 놀라는 건 안쓰러웠지만 동그래진 눈과 마음처럼 빨리 움직여지지 않는 짧은 다리, 허둥지둥거리는 엉덩이가 너무 귀여운 짝사랑남이었다. 이것도 언젠가는 다 추억이 되어 '몰래 쳐다보다 들켜서 허둥대는 라이스'를 밈처럼 따라 하고 즐거워하게 될 날이 올 거라 믿었다.

낮에 집을 비우는 남편과는 좀 더 어색한 사이였는데, 그럼에도 어느덧 남편마저도 조금씩 관찰하기 시작한 불꽃 짝사랑남 라이스. 옷을 갈아입는 남편의 뒷모습을 문 앞에서 몰래 지켜보고 있거나 살짝 다가가기도 했다. 물론 그러다 낌새를 차린 남편이 뒤를 돌아봐 눈이 마주치면 못 볼 거라도 본 듯 '엄마야!'를 외치는 듯한 표정으로 허둥지둥 자기 자리로 돌아갔다. 이렇게 우리를 관찰하기 시작한 건 방치된 공간에서 오로지 개들끼리 서로 기대어 살았기에 사람이 낯설 수밖에 없는 라이스가 우리를 통해 사람의 말과 행동양식에 관심을 가졌다는 신호 아닐까. 사실 확신이 생기진 않았다. 이런 상황은 책에서도, 유튜브에서도 본 적이 없다. 반려견 무늬를 돌보기 위해 공부했던 것에서도 딱히 적용할 만한 게 없었다.

라이스를 대하며 학교에서 일할 때 조급함을 물리치려 했던 마인드 컨트롤을 위한 주문이 생각났다. '나는 배우는 사람 곁을 지키고, 적절한 때에 작은 실마리를 제공해 스스로 깨치게 하는 교사'가 되고 싶었다. 학생들이 조금 오래 걸려도 괜찮으니 우선은 기다리는 사람이 되자고 도리어 스스로를 다그칠 때가 많았다. 나는 이미 해본 거니까, 나는 더 오래 살았으니까 쉽고 당연한 일이지만 세상에 나갈 준비를 하는 아이들은 모르는 게 당연하다. 라이스도 그럴 것이다. 라이스가 살던 곳과 임보처인 우리 집은 공통점이라 할 만한 게 하나도 없다. 그나마 외양간에서 어울려 살던 개친구를 닮은 무늬가 있는 것 정도랄까. 눈을 뜨기 힘들 정도로 심한 악취와 오물, 벌레가 들끓던 그곳보다는 백배 천배 안전해진 건 맞지만, 라이스의 입장에서는 하루아침에 살던 세상이 뒤집힌 것처럼 황당하고 낯선 일이 분명했다.

일을 할 때 가장 즐거운 순간은 고민에 고민 끝에 길을 찾은 듯 불현듯 반짝하고 빛나는 눈빛이 된 학생의 옆얼굴을 바라볼 때였다. 그 모습을 보며 내가 하는 일과 다시 단단히 사랑에 빠졌었다. 뭔가 어설프지만 라이스도 길을 찾으려 애쓰고 있는 것 같다. 시간을 주자. 오래 기다리자. 조급해하지 말자. 옆에 앉혀놓고 이렇게 하는 거라고 모범답안을 읊어주지 말자. 어느덧 라이스의 옆얼굴이 낯선 문제 앞에서 신중하고 깊이 고민하던 학생들의 그것과 닮아 보였다. 그렇게 생각하고 나니 나의 어설픈 짝사랑남 라이스의 마음을 모른 척하며 조금 더 기다려 줘야겠다는 마음이 들었다.

나를 물 수 있는 강아지

💕 임시보호를 한 지 3주가 되어갈 무렵, 나는 제대로 의기소침해져 있었다. 라이스와 거리를 좁히기가 생각만큼 수월하지 않아서였다. 라이스는 우리의 움직임을 가장 무서운 방식으로 해석했다. 부드러운 스킨십을 위해 뻗는 손도 자신을 내려칠지 모르는 막대기로 보이는 듯 소스라치게 놀랐다. 나와 남편이 소파에 앉았다 일어나기만 해도 화들짝 놀라서 구석으로 도망갔다. 사람의 움직임이 모두 자신을 향한 공격이라 생각하는 것 같았다. 라이스 몸에 먼지가 붙어도 떼어줄 수 없었다. 내 손이 닿으면 놀라서 지진이라도 난 듯 몸을 떨었다. 라이스는 오직 무늬에게만 관심을 보였다. 하지만 딱하게도 무늬 누나는 라이스와 놀아줄 생각이 없었다. 라이스의 인사와 장난을 몇 차례 받아주다가 귀찮아서 자리를 피했다. 덩그러니 남겨진 라이스는 멋쩍은 기색도 없이 무늬의 꽁무니만 졸졸 따라다녔다.

구조단체 담당자에게 연락이 왔다. 라이스의 안부를 물어서 라이스의 근황을 알렸다. 조금 낙심한 상태여서 하소연을 해볼까 했지만, 라이스와 함께 외양간에서 구조된 아이들이 많은 걸 알기에 많이 티 내지 않고 덤덤하게 라이스의 일상을 전했다. 담당자는 쭈뼛거리는 아이와 친해지는 방법에 대해 알 수 있는 영상을 보내주었다. 외양간에서 구조된 아이들의 성향이 대체로 비슷한 모양이었다. 사람과 교류를 해본 적 없는 아이들이라 사람과 함께 사는 것에 천천히 적응해야 하는 게 우선 과제였다. 우리가 보이지 않을 때만 눈치를 보며 조심스럽게 패드에 배변을 하는 것도, 소파에 깔아둔 러그만 털어도 놀라서 오줌을 지리며 도망가는 경로를 바닥에 표시하는 것도 괜찮았다. 그런 건 정말 임시보호를 할 때 하나도 문제가 되지 않는다. 나의 의기소침의 근원에는 라이스의 입질이 있었다.

지금까지 돌본 강아지는 본가의 동생 솔이, 반려견 무늬, 첫 번째 임보견 달이, 두 번째 임보견 펠라. 이들은 외모도 성격도 제각각이었지만 라이스를 만나고 생각해 보니 모두를 관통하는 공통점이 있었다.

'그들은 나를 절대로 물 리가 없다.'

라이스는 달랐다. 지금의 라이스는 나를 물 수 있다. 아직 물지 않았지만 라이스의 입질을 잘 피하고 있는 나의 눈치와 운이 아직 통하고 있어 그렇다. 언제든 물려도 이상하지 않았다. 아니다. 생각해 보니 물리지 않는 방법을 알고 있다. 라이스에게 아무것도 하지 않고 그냥 라이스 혼자 내버려 두면 된다. 배변패드를 잘게 찢어 작은 조각을 먹어도, 발톱이 야수처럼 끝도 없이 자라서 동그랗게 말려도, 하네스나 목줄을 하지 않아서 평생 산책을 나갈 수 없어도, 양치질과 목욕을 거부해도, 어딘가 아파 보이는데 병원에 갈 수 없어도 그냥 두면 된다. 하지만 나에게 묻는다. 밥과 물을 챙겨주고 똥과 오줌을 치워주는 것만 하고서는 개를 임시보호한다고, 개를 반려한다고 할 수 있을까.

동물 학대에 준하는 방치된 공간에서 살아남아 구조되어 어렵게 기회를 얻은 라이스는 앞으로 분에 넘치게 행복해야 한다. 애니멀 호더(Animal hoarder)[7]의 무지와 미움만도 못한 애정에 갇혀 살아온 라이스는 제 몫으로 차지해야 할 행복이 뭔지 잘 모른다. 오물과 쓰레기를 음식이라 믿고 먹어온 외양간에서 온 라이스의 세상에는 존재하지 않던 것이기에. 배변패드를 찢어 먹지 않아도 균형 잡힌 영양가 높은 밥으로 배를 채우고, 늘 깔끔하게 정리된 발톱과 발털로 사뿐히 걷고, 매일 매일 깨끗한 잔디가 있는 공원으로 산책을 가고, 튼튼한 치아와 윤기 나는 털과 보송보송한 피부를 갖고, 어딘가 불편해 보이면 즉시 의학적 도움을 받을 수 있는 개의 삶 속에는 분명 행복이 있다.

그러니 임시보호자인 나는 라이스를 그냥 내버려 두어선 안 된다.

---

7 애니멀 호더: 동물을 기를 수 있는 여건을 고려하지 않고 능력 이상으로 동물을 모으는 것에 지나치게 집착하며 동물의 위생, 영양, 의료 등 최소한의 환경 조성에 무관심하여 방치, 학대하는 사람.

"입질만 안 하면 배도 토닥여 주고 머리도 쓰다듬어 주고 차 타고 우리가 좋아하는 공원에도 함께 갈 텐데."

남편은 임시보호 초반부터 사진을 보고 자신이 예상했던 것보다 더 큰 라이스를 무서워했다. 원래 솔이도 무서워했던 전력이 있어서 이해는 갔다. 누구나 개를 무서워할 수도 있다. 하지만 임시보호를 하는 가정의 구성원이라면 이야기가 조금 다르다. 남편은 라이스를 돌보며 내가 라이스에게 물릴까 봐 많이 걱정했다. 우리가 반려동물 훈련사도 아니고 전문가가 아닌 그냥 일반인으로서 임시보호를 하는 것 아니냐며 너무 위험한 행동은 자신과 무늬를 위해서라도 하지 말아 달라고 부탁했다. 남편의 의견은 흔들리는 마음의 균형을 잡을 때 우선으로 고려하는 기준점이다. 나 역시 라이스가 물까 봐 무서웠다. 라이스가 예민해지는 행동은 미루고 미루다 큰마음 먹고 할 때가 많았다. 하지만 설사 물린다 해도 나에게 남겨질 아픔이나 상처보다는, 라이스가 겁에 질려 사람을 물었다는 경험을 기억하는 게 더 두려웠다. 다시 말하지만 누구나 개를 무서워할 수도 있다. 그건 개도 누군가를 무서워할 수 있다는 것이다. 하지만 라이스가 두려움을 밀어내기 위해 입질을 하는 건 사람에게든, 개에게든, 누군가와 어울려 살아야만 하는 라이스 스스로에게 가장 좋지 않은 선택이기도 했다.

차분히 생각을 정리했다. '해야 한다, 단 겁에 질린 라이스가 무는 걸 선택하지 않도록 최선을 다해보자.'라고 결단을 내렸다. 라이스와 내가 해야 할 일들의 우선순위를 정했다. 라이스는 발을 만지려 하는 걸 싫어한다. 또 목줄을 하려고 목에 무언가를 대는 것도 질색한다. 실내 생활을 하고 있으니 발톱과 발바닥 털 등 발 쪽의 위생 관리는 산책한 후 시도해도 늦지 않다. 그래서 목줄을 매고 산책 가는 걸 우선으로 생각했다. 목줄을 매려 할 때 라이스의 행동을 관찰하며 입질을 시도하기 전 낌새나 기미가 있는지, 전조를 살폈다. 다행히 라이스는 먹성이 좋고 가리는 음식이 없어서 간식이 좋은 강화물이 되는 아이였다. 그래서 목줄을 맬 때 간식을 이용했지만 그마저도 예민할 때는 잘 안 먹었다.

이런저런 고민을 적고 반항아 모드인 라이스의 모습을 영상으로 담아 구조단체 담당자분들이 계신 채팅방에 SOS를 보냈다. 담당자분은 우선 집에서 일체형 리쉬를 매고 밥도 먹고 잠도 자며 리쉬의 촉감과 무게에 익숙해지도록 하면 어떻겠냐는 의견을 주셨다. 그렇게 하기로 하고, 어찌어찌하여 가까스로 슬립리쉬를 채웠다. 목둘레와 가깝게 리쉬의 목줄 부분을 조절하려면 조임 부분을 라이스의 목둘레에 맞게 조여야 하는데 손이 목 가까이 오는 데다 줄에 텐션이 생기자 입질을 했다. 헐겁더라도 우선은 목에 걸어두는 것으로 만족하기로 했다. 식은땀이 났다. 얼마 만에 이렇게 긴장을 한 건지 모르겠다. 하루 종일 리쉬를 하기로 했어도 언젠간 풀어줘야 하는데 어떻게 하면 라이스를 자극하지 않고 줄을 풀어줄 수 있을지 막막했다. 그래도 슬립 리쉬를 채웠으니 한 걸음 걸었다. 물고 싶을 정도로 날 미워하고 원망했을 라이스도 이게 다 함께 행복을 향해 한 걸음 걷기 위해 한 일이라는 걸 언젠간 알아주기를.

이게 다
효리 언니 덕분이에요

라이스를 임시보호하고 보니 얼마 후가 설 연휴였다. 전혀 모르고 있었다. 직장을 그만두고부터는 연휴의 가치가 많이 떨어져서 그런지 미리 체크하지 않은 것이다. 직장인인 남편은 이미 연휴 기간을 인지하고 있어서 라이스를 데려올 때부터 부모님 댁에 갈 때 라이스를 데려갈 수 있을까 고민했다고 한다. 시가는 우리가 살고 있는 곳에서 조금 멀어서 차로 편도 5시간 정도 걸리는 곳이다. 명절 연휴가 짧아 비슷한 시간에 귀성 차량이 몰려서 6시간 넘게 걸린 적도 있다. 무늬는 차멀미를 하지 않는 아이고 차 타는 걸 좋아하는 편이지만 너무 오랫동안 카시트에 웅크리고 앉아 있으면 다리에 좋을 리 없고, 무엇보다 너무 지겨워 보여서 안쓰러웠다. 그래서 아예 전날 출발해서 중간쯤에서 1박을 하거나 막히는 시간을 피하기 위해 밤 11, 12시나 새벽에 출발해서 시가에 도착하면 한숨 자는 일정으로 다녀오기도 했다.

임시보호 3주 차인 라이스는 장거리를 여행하기엔 여러 가지로 무리인 듯했다. 켄넬에서는 나왔지만 한쪽 구석에 웅크리고 누워서 안정을 취했고, 모두 잠든 밤이 되어서야 집안을 탐색하며 집이 무엇인지 알아가는 중이었다. 여전히 우리의 손길을 낯설어했고, 산책은커녕 현관문 밖으로 나간 적도 없었다. 그러다 보니 자동차를 타는 연습을 할 새도 없었다. 남편과 나는 아직 우리가 라이스의 안전을 완벽히 지켜줄 수 없다는 결론에 닿았다. 할 수 없이 이번에는 남편만 움직이고 나와 무늬, 그리고 라이스는 집에 있기로 했다. 자주 못 봬서 아쉽기도 했지만, 남편과 이야기를 마치고 돌아서는 순간! 나도 모르게 명절을 앞둔 며느리로서의 자아가 나와 살짝 미소 짓고 말았다. 남편은 못 봤겠지?

각자의 부모님께 라이스의 임시보호와 현재 라이스의 상태에 대해 말씀을 드리고 부득이 이번 명절 때 뵈러 갈 수 없음을 설명하기로 했다. 우리 집은, 라이스를 데려오기 전 가졌던 가족 송년회에서 라이스의 임시보호를 알렸다. 더욱이 엄마와는 용건이 없어도 보통 사나흘에 한 번씩 통화하고 수시로 메시지를 주고받아서 라이스의 적응 정도를 어느 정도 알고 계셨다. 그래서 엄마와 아빠에겐 상황을 말씀드리기 수월했다. 다 함께 못 보는 건 아쉽지만 가까이 살고 계시기도 해서 라이스도 만날 겸 겸사겸사 명절 지나 우리 집에 다니러 오시는 것으로 마무리되었다. 시가 부모님께는 남편이 설명 드렸다. 늘 우리 부부의 의사를 존중해 주시는 분들이라 흔쾌히 이해해 주실 거라 믿었지만, 그래도 혹시나 싶어서 서운해하지는 않으셨나 물었다.

"아니. 오히려 잘한다고 칭찬해 주시던데?"

잘한다고? 잘~한다 이런 뉘앙스는 아니셨을 테고, 더욱이 칭찬은 무슨 의미인가 궁금했다. 시부모님도 그동안 우리 부부가 달이와 펠라처럼 입양을 앞둔 아이들을 잠시 돌봐주는 것 정도는 알고 계셨다. 달이와 펠라가 좋은 가족을 찾았을 때 함께 기뻐해 주시기도 했다. 하지만 당시에도 임시보호라는 단어는 익숙하게 사용하는 게 아니라서 아마 듣고도 잊으셨을 듯했다. 그런데 이번에 남편이 라이스라는 아이를 잠시 맡아서 보고 있다고 했더니 어머니께서 "아, 임시보호 그거 하고 있는 거니?"라고 말씀하셨다는 거다. 비밀은 효리 언니였다. 당시 TV에서 <캐나다 체크인>이 방영 중이었다. 아버지와 어머니 모두 눈물 콧물 쏟으며 챙겨보고 계시는 중이었다. 시부모님 또한 덕이라는 삽살개를 반려하고 계신 반려 가족이라 그런지 힘든 상황에 놓였던 개가 가까스로 구조되어 바다 건너의 가족을 만나는 이야기에 깊이 공감하고 계셨다. "그동안 너희가 했던 일을 이제야 좀 알았네. 참 좋은 일 하는구나."라는 말씀과 함께 라이스 잘 돌봐서 좋은 가족 찾아주라고 당부 해주셨다.

그래봤자 1박 2일이었다. 남편은 부모님 댁에서 하룻밤만 자고 돌아오기로 했다. 하지만 결혼 최초로 설 연휴에 집에서 온전히 나와 강아지들만의 시간을 갖게 되었다는 건 내 나름의 큰 사건이었다. 남편을 배웅하고 나서 임시보호를 하다 보니 이런 날도 있구나 싶어 한참 멍하니 앉아있었다. 물론 그리 평화롭지는 않았다. 실내에서 배변을 하지 않기에 하루 평균 2번, 많게는 4번까지 산책해야 하는 무늬와, 뭐든 잘 놀라고 놀라면 온 집을 뛰어다니며 소변을 뿌리는 라이스를 돌보느라 남편의 부재가 선명히 드러나는 하루가 금방 갔다. 저녁에는 남편에게 영상통화를 걸어 부모님께 라이스의 모습을 보여드렸다. 전화에서 낯선 목소리가 들리자 눈을 동그랗게 뜬 라이스를 보시며 "아가, 좋은 가족 찾으래이."라고 또 말씀해 주셨다. 우리 집에서는 라이스가 대표로 설 덕담을 들은 셈이 되었다. 당연히 올해 추석 때는 라이스도 평생 가족들 품에서 명절을 보내고 있을 거다. 우리와 보내는 처음이자 마지막 명절, 나에게 특별한 설을 만들어 준 라이스와 나만의 추억이 생겼다. 그리고 무늬와 라이스가 잠든 뒤 고요한 평화가 가득 찬 우리 집 거실 소파에 앉아 조용히 외쳐보았다. 슈퍼스타 이효리 만세.

라이스와 나의 사이는
지하 10층에

라이스와 함께 외양간에서 살던 아이들은 다들 닮았다. 얼굴 생김새와 모색, 체형 등의 특성으로 몇 개의 그룹을 만든 뒤 추정 나이를 고려하면 부모견과 동배 아이들을 대략 유추할 수 있다. 제대로 된 밥그릇과 물그릇 하나 없던 곳이니 예방 접종이나 중성화 같은 의학적 돌봄은 외양간 아이들에겐 꿈도 못 꿀 일이었다. 좁은 공간에 갇혀 무분별하게 일어난 교배로 자가 번식한 아이들의 개체 수는 기하급수적으로 늘어났다. 이에 놀란 전 소유주는 자신이 손쓸 수 없는 지경에 이르자 무책임하게도 아이들을 비위생적이고 위험한 환경에 오랫동안 방치했다. 함께 구조된 외양간 아이들 중 비교적 어린 축에 속하는 라이스는 아마도 그 외양간에서 태어났을 거라 예상된다. 언제 무너져도 이상하지 않을 허름한 외양간의 검은 천장이 하늘이라 생각하고 살았을 아이는 이제 파란 하늘 아래서 따뜻한 햇살을 맞게 되었다. 금방 그렇게 될 줄로만 알았다.

하지만 라이스는 우리 집에 온 지 한 달이 되었지만, 아직 제대로 된 하늘을 보지 못했다. 한 번도 밖에 나가지 못했기 때문이다. 구조가 된 후 금세 넓어질 줄 알았던 라이스의 세상은 아주 조금 넓어져 우리 집이 되었다. 라이스가 사는 세상이 넓어지는 것과 라이스의 내적, 외적 성장이 비례 관계인 것 같았다. 펠라처럼 작은 아이였다면 슬링백에 넣어 품에 덥석 안고 나가서 벌름거리는 코에 신선한 겨울바람을 넣어줬을 텐데. 물론 라이스 정도의 아이도 힘을 좀 내면 안을 순 있지만, 아직 우리 사이엔 풀어야 할 숙제가 많았다. 안아 올리는 건 사칙연산을 배운 초등학생에게 등비 수열 관련 문제를 던져주는 것과 같았다.

라이스는 자신이 알고 있는 아늑한 세상 밖에 발을 들이기를 어려워했다. 외양간에서 구조될 때도 사람 손을 타려 하지 않아서 1차 아이들이 구조된 후 며칠 뒤 2차로 구조되었다고 들었다. 우리 집에 와서도 켄넬에서 며칠 동안 나오지 않다가, 우연히 켄넬 문을 잘못 건드려서 난 소리에 놀라 후다닥 나왔다. 잽싸게 켄넬을 닫아서 다시 못 들어가게 되었지만, 그 후 한동안은 서재의 구석에만 머물렀다. 하지만 너무 서재에만 머무는 건 좋지 않을 것 같아서 목욕을 한 후 그 틈을 타 라이스의 공간을 거실에 만들어줬다. 거실로 나온 뒤 라이스는 조금씩 더 적극적으로 변했다. 거실은 우리 집에서 가장 넓은 공간이고 각 방과 화장실로 모두 이동할 수 있는 곳이다. 켄넬에서 서재로, 서재에서 거실로, 공간을 넓혀간 라이스는 거실에서도 구석을 차지했다.

라이스가 거실로 나온 후 아무래도 우리는 더 자주 마주치게 되었다. 라이스는 거실 구석에 누워 동그란 눈을 굴리며 종일 이방 저 방 옮겨 다니는 우리와 무늬를 관찰했다. 관찰은 라이스만 하는 게 아니었다. 나 역시 쳐다보는 것도 무서워하는 라이스를 놀라게 하지 않는 선에서 라이스가 자거나 밥을 먹을 때, 라이스의 모습을 몰래 훔쳐봤다. 감자수제비를 닮은 귀와 뭉툭하고 두툼한 앞발, 풍성한 털이 뒤덮인 엉덩이와 꼬리 라인을 그제야 자세히 볼 수 있었다. 라이스와 함께 있으려고 서재방에서 하던 일을 거실로 들고나와서 테이블에 앉아서 했다. 조금씩 가까워지며 거리를 좁혀가는 라이스를, 소리를 내면 놀랄 게 뻔하니 마음속으로 우렁차게 응원했다. 손으로 간식을 주면 아무리 먹고 싶어도 꾹 참고 외면했던 아이가 어느덧 손으로 주는 음식들을 아무거나 다 받아먹기 시작했다.

위기도 있었다. 거실에 나와서 생활하면서부터 조금씩 목줄과 리쉬를 보여주고 몸에서 가장 예민하지 않은 등 쪽에 살짝 대 보기도 했다. 라이스는 낯설고도 신기한 냄새가 나는 물건에 관심을 보이며 킁킁거렸다. 그럼 잘했다고 하고 간식을 주어 리쉬와 목줄과 간식을 연결시켜 보려 했다. 조금 익숙해진 후부터는 목줄과 리쉬가 합쳐진 일체형 리쉬로 꾸준히 연습했다. 리쉬를 바닥에 내려놓고 사이사이에 간식을 뒀다. 희대의 겁쟁이가 의심도 거부감도 없이 쏙쏙 잘 골라 먹는 걸 보고 어쩌면 생각보다 빠르게 목줄 하기에 성공할 수도 있겠다 잠시 낙관했다. 아니었다. 경기도 오산이었다. 슬립리쉬의 목줄 부분을 길게 늘인 뒤 간식을 이용해 라이스의 고개를 동그란 부분에 넣었다. 한쪽 팔을 조금 내렸더니 리쉬가 라이스의 목에 닿았다. 동. 공. 지. 진. 깜짝 놀란 라이스가 펄쩍펄쩍 뛰었다. 진정할 때까지 가만히 두었다. 내 심장도 라이스처럼 팔딱팔딱 뛰는 중이었다. 조금 뒤 라이스는 느슨한 리쉬를 목에 맨 채 가만히 있었으나 불안해 보였다. 조금 지나 리쉬를 조금 당겨보았다. 다시 펄쩍 뛰며 이번엔 리쉬를 물어뜯기 시작했다. 믿었는데 이게 뭐냐며 원망스러운 눈으로 나를 째려보는 라이스. 라이스의 행동에 반응하지 않으려 했지만 라이스는 나의 당혹감과 미안함을 눈치챘을 것 같다. 흥분한 라이스가 나의 손을 물려고 해서 그날은 리쉬를 풀어주지도 못했다.

새벽에 보니 리쉬의 목줄 부분이 느슨해서 라이스의 목에서 내려와 몸을 통과해 엉덩이 쪽으로 빠진 모양이었다. 허물처럼 벗겨진 리쉬를 챙겨서 선반에 올렸다. 구석에 놓아준 침대에 웅크리고 누워서 자던 라이스는 나를 보자 도넛처럼 몸을 말았다. 조금씩 신뢰를 쌓아가는 듯했던 나와 라이스의 사이는 다시 지하 10층쯤 되는 어두컴컴한 바닥으로 떨어졌다.

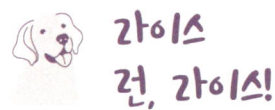
라이스
런, 라이스!

💕 그 후 한동안 리쉬 연습을 하지 않았다. 놀란 건 라이스인데 나 역시 타격이 있었다. 리쉬를 물어뜯는 라이스의 모습이 잊히지 않았다. 어쩌면 라이스에게 물릴지도 모른다는 공포가 커졌다. 비전문가인 내가 정말 라이스를 도울 수 있는 걸까 자꾸만 의심이 들었다. 라이스와 있었던 일을 남편에게 말하고 함께 고민했다. 분명 라이스는 사람이 아니라 개라는 걸 알면서도, 그날 라이스의 태도가 서운하고 야속하기도 했다. 너만 토라질 수 있는 게 아니라 나도 토라질 수 있어! 생각하며 소심하게 라이스를 부를 때 다정하게 부르지 않고 사무적으로 불렀다. 어차피 라이스는 모를 텐데 나 혼자 뭐 하는 건가 싶었지만, 며칠 동안은 그날 일을 생각하면 눈물이 차오를 정도로 서러웠다.

그래도 다시 마음을 다잡았다. 우리는 꼭 함께 진짜 하늘 아래 서야 한다. 리쉬를 매는 순간을 두려워하는 것 같아서 최대한 소리를 내지 않고 부드럽게 착용하는 연습을 했다. 며칠간은 리쉬를 꺼내면 도망가며 거실 여기저기에 소변을 뿌리고 밟고 다녀서 날 절망하게 했다. 왜냐하면 그렇게 되면 라이스가 소변을 더 밟거나 몸에 묻히기 전에 소변부터 치워야 해서 연습의 흐름이 끊기기 때문이다. 그리고 연습을 시작할 때 내가 리쉬를 챙기는 모습이 라이스에게는 리쉬 연습으로 입력된 듯했다. 부정적인 자극이 연상되도록 동기화되기 전에 리쉬를 건드리는 모습을 보지 못하도록 라이스가 보지 못하는 각도에 리쉬를 뒀다. 조금씩 나아져서 리쉬를 목에 매고 몇 시간씩 생활했다. 가끔 리쉬를 잘근잘근 씹으려 하긴 했지만 점차 리쉬의 무게와 질감에 익숙해지기 시작했다.

    리쉬를 매는 것에는 익숙해졌지만, 이젠 리쉬를 뺄 때가 무서운지 예민해져서 다시 입질을 했다. 목 뒤쪽을 지나쳐 무언가 쓸려 지나가는 기분이 유쾌한 자극이진 않을 듯했다. 반려견 훈련용 장갑을 살까 고민도 했다. 하지만 크고 낯선 소리가 나는 물건을 들이대면 라이스가 더 무서워할 것 같았다. 어떻게든 자연스럽게 빼보려 애썼다. 라이스가 너무 예민한 날에는 우산 손잡이의 갈고리처럼 동그랗게 휘어진 플라스틱 부분을 이용해 빼기도 했다. 의외로 라이스가 우산을 무서워하지 않아서, 생각지도 못한 발견으로 활용한 우산의 다른 용도가 난관 극복의 열쇠가 되었다.

    리쉬를 빼는 것만큼 어려웠던 건 목줄처럼 착용한 리쉬의 긴 부분을 당겨 함께 걷는 연습이었다. 목에 텐션이 가해지자 라이스는 다시 펄쩍펄쩍 뛰며 내가 힘을 주는 방향과 반대로 상체의 무게중심을 뒤로 두고 버텼다. 라이스가 머무는 자리 앞에 용암이라도 흐르는 듯 라이스는 그 곳에 버티고 앉아서 한 발짝도 움직이지 않으려 했다. 억지로 목줄을 당기는 게 라이스에게 좋을까? 눈에 실핏줄이 서고 켁켁거릴 정도로 괴로워하며 계속 버티는 걸 보니 라이스를 괴롭히고 있는 것 같아 마음이 아팠다. 판단이 서지 않아 한 번 더 구조단체 담당자분과 상의했다. 함께 구조된 아이들 중 라이스와 비슷한 아이들이 많았다. 아이들의 성향과 자라온 환경을 고려했을 때 라이스는 좀 더 과감하게 연습하는 것이 좋겠다는 결론이 나왔다.

그때부터 매일 겨울방학 숙제를 하듯 하루에 몇 번씩 리쉬를 매고 자리에서 나오는 연습을 했다. 다섯 걸음쯤 오면 꼭 다시 자리로 돌아가겠다고 난리를 치던 아이가, 어느 덧 열 걸음을 똑바로 걸어 나왔던 날 영상을 찍으며 숨죽여 보던 남편과 눈빛을 나눴다. 우리 할 수 있겠다! 그 후 라이스는 어느 날은 열 발짝, 어느 날은 다시 다섯 발짝을 왔다 갔다 하다가 어느덧 거실을 한 바퀴 도는 코너링까지 성공하는 아이가 되었다. 코너링을 하고 난 후엔 거실에서 가장 먼 대각선 거리에 있는 현관까지 나가기 연습을 했다. 내친김에 현관 밖 복도와 엘리베이터 타기까지 해봤더니 의외로 겁내지 않고 잘해서 걱정하던 내가 머쓱할 정도였다. 드디어 임시보호 2달 하고도 22일이 되는 날, 라이스는 당당히 거실을 가로질러 현관문을 나가 엘리베이터를 타고 아파트 바로 앞까지 나갔다. 어느덧 봄이었다. 밖에서 보니 자연광을 받아 그런지 털도 더 반짝이는 것 같고 이목구비도 더 선명해 보였다. 긴장한 탓에 금요일 회식에서 3차 장소로 이동하는 부장님처럼 갈지(之) 자 걸음이었고, 혀는 바닥에 쓸릴 정도로 길게 나와 있었다. 이내 놀이터 바로 옆 잔디 근처에 앉아 오랜만에 느껴보는 바람의 흐름을 쫓아 콧망울을 태워보고, 풀숲에 앉아있는 까치의 움직임을 눈으로 쫓았다.

아파트 현관으로 돌아가는데 갑자기 라이스가 조금씩 뛰기 시작했다. 그렇게 20m 정도 되는 거리를 함께 뛰었다. 잠깐이지만 뛰었다고 숨을 골랐다. 라이스도 집에서의 얼굴보다 조금 흥분한 모습이었다. 얇은 리쉬 줄로 연결된 우리지만, 줄을 통해 서로의 심장이 뛰는 게 전해지는 것 같았다. 비록 집 바로 앞에서의 짧은 산책이었지만, 마음은 벌써 무늬와 함께 다니며 산책하기 좋았던 도심의 공원과 교외의 녹지에 가 있었다. 그렇게 염원했던 순간! 라이스와 함께 진짜 하늘 아래 서 있던 그날, 절대 잊지 못할 것 같다.

사랑은 분명
강아지 모양일 거야

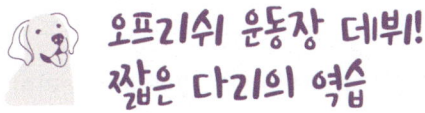
오프리쉬 운동장 데뷔!
짧은 다리의 역습

너무 늦게 알아서 억울했다. 우리 라이스는 산책 영재였던 것이다. 물론 판단의 기준이 처음으로 산책 연습하던 시절의 무늬이기에 허들이 좀 낮긴 하다. 그래도 몇 번 만에 산책 걸음마 시절 무늬의 태도를 따라잡았기에 우리로서는 놀랄 일이었다. 라이스 녀석도 겁이 많은 줄 알았더니, 역시 겁쟁이 세계관의 최강자는 무늬였나. 처음 산책하던 무늬에 비하면 라이스는 세발자전거를 타면서 한 손으론 접시돌리기를, 다른 한 손으로는 셀카를 찍는 수준이었다. 라이스는 바깥에서 더 의젓해졌다. 집에서 연습할 때는 그렇게나 똥고집을 부리더니, 정작 나와서는 명견 코스프레를 하는 라이스! 라이스와 말이 통했다면 '너 정말 이러기야? 왜 그동안 말 안 했어!'라고 말했을 거다. 그럼 똑똑한 MZ세대 라이스는 이렇게 말했겠지. '물어본 적 없잖아요?' 이러나저러나 둘 곳 없는 이 배신감 어쩔 것인가.

라이스와 함께 산책 연습을 시작한 곳은 아파트 단지 바로 앞 짧은 산책로였다. 그곳으로 가기 위해서는 아담한 주차장과 놀이터를 지나야 했다. 대형 화물차 소리나 아이들 목소리를 무서워하는 무늬를 떠올리며 라이스와 그곳을 지날 때 각별히 신경 썼다. 하지만 라이스는 놀이터에서 노는 아이들에게 누구처럼 두려움도, 적개심도 없었다. 트럭에서 택배 상자를 내리고 계신 택배기사를 보고 물끄러미 움직임을 관찰할 뿐 바들바들 떨거나 패닉 상태가 되어 아파트 현관으로 뛰어가려 하지 않았다. 큰길에서 진행하는 도로 공사로 멀리서 갑자기 공사 소음이 나도 휙 하고 고개를 돌려 소리가 나는 쪽을 바라볼 뿐, 금방 우리의 산책에 집중했다. 실은 무늬는 아직도 그런다. 쓰다 보니 잔잔한 무늬 디스가 되어버렸네. 우리는 무늬의 산책 태도에 불만 없다. 무늬가 해온 어마무지한 노력을 잘 알고 있기에. 그래서 라이스의 산책 모습에 눈물이 날 정도로 감사했다. 둘째가라면 서러운 겁보 라이스 또한 엄청난 용기를 내고 있음을 알기에.

    라이스는 겁을 내며 돌발행동을 하거나, 고집을 부리지도 않았다. 내가 리드하는 대로 방향 전환을 잘했고, 리드줄을 당기지 않았다. 갑자기 멈춰서서 자기가 가고 싶은 곳이 아니니 가지 않겠다고 몽니를 부리지도 않았다. 그야말로 젠틀가이였다. 물론 무늬 누나와 함께 산책할 때면 장난꾸러기 막냇동생으로 변하기도 했다. 잘 걷다가도 갑자기 몸통 박치기를 하며 누나에게 장난을 걸었다. '누나! 누나! 나 좀 봐봐. 나 잘 뛰지?' 무늬를 향해 토끼처럼 깡충거리며 까불었다. 시크한 무늬는 집에서처럼 역시나 무시 모드. 라이스도 그럴 줄 알았다는 듯 까불기를 멈추고 무늬가 냄새를 맡는 곳에 함께 머리를 맞대고 킁킁거렸다. 그래도 라이스는 아직 산책 햇병아리니만큼 연습을 하며 돌발 상황에서 대처 능력도 체크하고 다른 습관은 없는지 알아봐야 했기에 주로 단독 산책을 했다.

　　도시의 반려 가족인 나와 남편은 아파트에서만 살아온 무늬에게 언젠가 작은 잔디 마당을 꾸려줄 수 있는 집에 살고 싶다는 꿈을 품고 있다. 마당을 사랑하는 무늬를 위해 여행을 갈 때면 특별한 사유가 없는 한 대부분 마당이 있는 숙소를 이용한다. 수줍음이 많은 아이니 가급적이면 독립된 마당이 좋고, 까다로운 공주님의 발바닥 건강을 위해 흙이나 인조 잔디가 아니라 천연 잔디 마당을 찾아 모시고 갔다. 놀러 가면 무늬가 제일 바빴다. 그도 그럴 것이 마당에서 놀다 낮잠 자고 다시 나가 놀고, 들어와서 밥 먹고, 다시 나가서 노는 빡빡한 일정을 소화해야 하기 때문이다. 밤이 되도록 집에 안 들어오려고 나 잡아봐라 놀이를 하다 결국 안겨서 들어와도, 하염없이 창문 밖 마당만 바라보고 있는 무늬의 마당 사랑을 언젠가 꼭 이루어 주고 싶다. 튼튼한 펜스가 둘러진 곳에서 오프리쉬 상태로 자유롭게 뛰어노는 무늬를 보며 생각한다. 로또야, 언제 될 거니. 우리 애 마당 있는 집 사줘야 하는데.

　　라이스의 오프리쉬 반려견 운동장 데뷔 카운트다운에 돌입했다. 산책을 하며 이런저런 사항을 살펴보니, 어느덧 라이스도 보호자의 통제하에 안전하게 산책할 수 있을 정도가 된 듯했다. 우선 차 타기 연습부터 시작했다. 라이스는 처음 우리 집에 올 때도 함께 차를 탔는데, 켄넬 안에서 비교적 안정된 자세로 누워 왔었다. 차를 타본 적이 거의 없을 텐데 차의 흔들림이나 속도감이 크게 무섭지 않아 보여 멀미는 하지 않을 것 같았다. 역시 라이스는 차도 잘 탔다. 집에서 10분 거리에 있는 공원을 오가며 연습하니, 금방 차를 타는 걸 좋아하게 되었다. 1시간 넘게 걸리는 곳도 다녀왔는데, 중간에 조금 낑낑거렸지만 침을 흘리거나 구토를 하지 않았다. 돌아오는 길에는 누워서 잠도 잤다.

첫 데뷔 장소는 대관해서 사용하는 반려견 전용 운동장으로 정했다. 무늬의 친구들과 함께 가본 곳이었는데 아이들이 노는 모습이 어디서든 보이는 구조에, 운동장의 규모도 적당하고, 오가는 사람이나 개가 없어 노는 아이들을 불안하게 할 요소가 없었다. 그리고 무엇보다 중요한 펜스가 튼튼했다. 단단한 콘크리트의 벽으로 완벽히 막혀 있는 곳이라 안전했다. 대관 운동장을 가기 위해 라이스는 착착 준비되고 있었으나, 조금 걱정되는 게 있었다. 과연 오프리쉬로 신나게 놀고 난 후 집에 갈 때 라이스를 붙잡고 목줄과 리쉬를 체결할 수 있을까. 이건 라이스보다 나와 남편의 문제였다. 집에서 리쉬를 맬 때도 아직은 조금 긴장하고, 놀라면 도망가서 구석에 숨기도 했었다. 밖에서는 더 어려울 텐데. 머릿속에는 라이스를 잡기 위해 10분이고 20

분이고 계속 뛰어다니는 바보 같은 우리 모습이 자꾸 떠올랐다. 하지만 방법이 없었다. 안전한 곳에서 해보는 것뿐! 얕은 걱정을 애써 날리며 데뷔 일이 성큼 다가왔다.

라이스의 데뷔를 축하하기 위해 무늬의 절친 마일로와 마요, 쿠키와 보호자들이 와줬다. 보호자들이 임시보호를 자주 해서 다른 강아지와 사이좋게 잘 지내는, 무늬의 사회성 개선에도 도움을 많이 준 성격 천재 친구들이라 라이스와도 잘 어울릴 거라 믿었다. 라이스의 생일파티 때 실내 대관 카페에서 다 함께 만난 후, 이번이 두 번째 만남이다. 그 때도 무리 없이 잘 섞여서 놀았기에 흔쾌히 함께하기로 했다. 오프리쉬 상태에서 다른 강아지들과 어울리는 걸 관찰하고 싶기도 했는데 마침 좋은 기회였다. 친구들을 본 무늬가 신나 하자 라이스도 덩달아 신나 했다. 무늬의 리드줄을 풀어주고, 드디어 라이스의 리드줄과 목줄도 풀어줬다. 무늬와 친구들을 향해 쏜살같이 달려가는 라이스의 뒷모습이 슬로우 모션처럼 천천히 보였다. 풀어주자마자 자유롭게 잔디밭을 뛰는 라이스를 보고 친구들과 우리 모두 탄성을 질렀다. 다들 반려견 운동장이 익숙하고 제법 잘 뛰는 형, 누나들이라 혹시나 라이스가 버벅거리면 어쩌나 걱정했는데, 한 방향으로 달리는 아이들 무리에 끼어 라이스도 힘차게 달렸다.

2시간쯤 놀며 살펴보니 라이스는 형들과도 어울렸지만 주로 무늬 누나를 졸졸 따라다니고 있었다. 친구들이 라이스를 보며 무늬 누나를 그림자처럼 수호하는 호위무사 같다고 말했다. 동생이지만 무늬보다 덩치도 더 커서 늠름한 보디가드 같아 보였다. 두세 번 만났지만 아직은 조금 낯선 친구들의 보호자에게도 조금 더 다가가는 모양새였다. 앉아 있는 우리에게 와서 옷 냄새도 맡고, 우리가 앉아있는 테이블 아래 와서 엎드려 쉬기도 했다. 무엇보다 다른 보호자가 준 간식도 받아먹는 라이스의 모습을 보며, 분명 심장이 뛰고 긴장했을 텐데 그걸 물리치고 용기 내 다가와 준 라이스가 대견했다. 라이스는 신나게 뛰어놀다가 형과 누나들이 쉬는 것 같으면 함께 쉬고, 사이좋게 간식 타임도 갖고, 큰 물그릇에 얼굴을 대고 모여 함께 물도 마셨다. 그리고 집에 갈 때가 되었다. 다른 친구들이 하네스와 목줄을 착용하자, 라이스도 자연스럽게 모여든 곳으로 와서 너무나 쉽게 목줄과 리드줄을 착용했다. 라이스에게 목줄을 하기 위해 뛰어다니는 상상 속 나야 안녕, 다시는 보지 말자.

　　역시 그랬다. 라이스는 조금 느릴 뿐, 기다려 주면 자신의 페이스에 맞게 뭐든 해내는 멋진 아이였다. 혹시 라이스는 하지 못하는 거 아닐까? 생각했던 과거 속 나의 옹졸한 조바심과 패배 의식이 다시는 기어 나오지 못하도록 야무지게 못질을 한 후 마음속 심연에 묻어 버렸다. 앞으로 얼마나 더 라이스와 함께 할 수 있을지 모르지만, 라이스와 함께 할 수 있는 일이 하나씩 늘어날수록 그저 기뻤다. 차도 잘 타고, 오프리쉬 운동장에서도 잘 노니 함께 짧은 여행도 가보기로 했다. 자유로운 라이스가 이곳저곳을 뛰어가며 자신의 세상을 넓혀가는 모습을 보고 싶었다. 오늘 데뷔는 성공적이었고 우리 모두 라이스에게 정말 감탄했다. 라이스! 너 그 짧은 다리로도 정말 잘 뛰는구나!

라이스의 키다리 아저씨 여러분

💕 구조견들에게 있어 많은 사람들의 관심은 기회의 다른 이름이 되기도 한다. 위액트의 구조활동을 통해 라이스가 지옥이라 말해도 과분한 것 같은 처참한 환경의 외양간에서 가까스로 구조되었을 때부터 라이스를 지켜봐 주시는 분들이 계신다. 라이스를 향한 속칭 랜선이모들의 따뜻한 말 한마디는, 라이스가 당당히 이 세상에 속해 있는 소중한 아이라는 걸 되새기게 한다. 라이스의 인스타그램을 운영하며 알게 된 인스타그램 친구들, 특히 유기견과 구조견을 임시보호하고 계신 분들은 얼굴 한 번 뵌 적 없지만 존재만으로도 모종의 동지애를 품게 한다. 서로의 집에 머물고 있는 임시보호견이 세상을 향해 한 발짝 나아가고 임보가족과 사랑을 나누는 모습을 보며 진심을 담은 말을 남긴다. 평생 가족을 찾았다는 피드가 올라온 날엔 좋은 기운을 듬뿍 받아 하루 종일 기분이 좋다.

오직 라이스의 가족 찾기를 돕기 위해 빛나는 재능을 아낌없이 나눠주신 분들도 계셨다. 위액트 액터분이 소개해 주셔서 디즈니 애니메이션에 나올법한 깜찍한 카페를 운영하는 분을 알게 되었다. 그 카페는 반려동물 음식도 판매하는 곳이었는데, 매달 평생 가족을 찾는 아이 몇몇을 반려견 케이크 디자인의 모델로 삼아 대대적인 홍보를 해주고 계셨다. 고심해서 보내드린 라이스의 사진을 보고 라이스의 동그란 발과 감자수제비 같은 쫀득한 귀가 잘 드러나는 귀여운 일러스트를 그려주셨다. 라이스의 일러스트가 똑같이 올려진 케이크도 선물로 보내주셨다. 케이크만으로도 감사한데, 이렇게 귀여운 라이스가 가족이 없는 건 도저히 말이 안 된다며 인스타그램으로 라이스 소식을 자주 공유해 주신다.

    라이스에게 예쁜 인식표를 만들어 선물하신 금손분도 무려 2분이나 계셨다. 솔이와 무늬의 인식표를 주문했는데 인스타그램을 통해 라이스를 응원해 주시던 분이라 라이스의 인식표까지 만들어 함께 보내주셨다. 따뜻한 온기를 품은 나무 인식표로 넉넉한 마음 씀씀이가 느껴졌다. 유기견을 입양하거나 임시보호 중인 가정을 위해 인식표를 만들어 주시는 이벤트를 하고 계신 분도 계셨다. 마침 그 소식을 먼저 접하신 무늬의 친구 강아지 보호자께서 라이스를 추천해 주셨고, 덜컥 당첨되었다. 라이스의 밝은 모색에 어울리는 붉은 줄에 고급진 금장 이름표가 너무 예뻐서 결국 아껴뒀다 평생 가족분께 선물하기로 했다.

라이스를 모델로 한 예쁜 일러스트를 깜짝 선물로 주신 분도 계셨다. 무늬의 인스타그램을 운영하며 알게 된 분인데 어느 날 직접 운영하시는 반려견 용품 브랜드 계정에 라이스의 일러스트를 서프라이즈로 올려주셨다. 라이스의 발 앞에는 라이스가 좋아하는 도토리 장난감도 그려 넣어 주셨다. 구석구석 온기가 느껴지는 그림 덕에 가족을 찾는 라이스의 소식이 한 번 더 멀리멀리 퍼질 수 있었다.

　　라이스의 프로필 사진을 먼저 제안해 주시고 예쁘게 찍어주신 분도 계셨다. 반려견들과 백패킹을 다니시며 멋진 사진과 영상을 촬영하시는 분인데, 라이스의 꽃길을 위해 실물만큼이나 멋진 프로필을 찍어주고 싶다고 하셨다. 불법 번식장이나 개농장 같은 곳에서 직접 아이들을 구조하시고, 임시보호하며 몇 차례 입양도 보내신 분이라 아이들의 사진 한 장 한 장이 얼마나 중요한지 아는 분이셨다. 아직 낯선 사람과 장소를 경계하는 라이스를 위해 인적이 드문 장소에서 촬영하도록 배려해 주셨다. 큰 카메라를 처음 보는 데다 낯선 곳임에도 불구하고 라이스의 명랑한 표정을 듬뿍 담을 수 있었던 건 찍어주신 분의 정성과 노력 덕이었다. 덕분에 구조단체의 홈페이지에 멋진 프로필 사진을 업로드할 수 있었다. 선선한 바람이 불던 늦봄, 촬영하러 왔지만 넓은 잔디에서 뛰어놀아서 한껏 신나 했던 그때의 라이스 모습이 사진에 고스란히 남아있다.

불쑥 나타나 큰 도움을 아무렇지 않게 베풀어 주시고 쿨하게 안녕을 고하는 키다리 아저씨 천사님들의 도움에도 불구하고 라이스의 임보 기간은 생각보다 길어지고 있었다. 이쯤 되면 내가 무언가 잘못하지 않은 이상 사람들이 이렇게 라이스를 알아보지 못할 리가 없다는 생각이 들었다. 내가 가진 능력으로 아직 라이스의 소식이 닿지 않은 곳까지 널리 널리 알리는 건 거진 다 했다. 임시보호를 하면서 뿐 아니라 태어나서 한 번도 해본 적 없는 일을 했다. 바로 인플루언서들에게 인스타그램 DM 보내기.

안녕하세요.

불쑥 연락을 드려 놀라셨을 것 같아요. 저는 유기견을 입양하여 반려한 지 3년가량 된 보호자이자 틈틈이 유기견과 구조견 관련 봉사를 하고 임시보호도 하고 있는 임보자이기도 해요. 사람의 시그널을 전혀 이해 못 했던 우리 반려견이 하루하루 씩씩하고 다정해지는 모습을 보는 것과 임보했던 아가들이 평생 가족을 찾아 아이들 소식 듣거나 함께 만나는 게 우리 가족의 가장 큰 행복이에요.

현재도 임시보호 중인 아이 "라이스"와 5개월가량 함께 생활하며 가족을 찾아주고 있는데, 거짓말처럼 입양신청 아니 입양 문의조차 0건인 상태에요. 라이스보다 나중에 구조된 품종견과 소형견 아이들이 먼저 가족을 찾아가는 걸 보며 라이스는 지옥 같은 곳에서 가까스로 구조된 뒤 하루하루 노력하며 행복한 아이가 되어가고 있는데 우리 가족의 준비와 노력이 부족했나, 라이스가 더 많은 기회를 갖기 위해 더 할 수 있는 일이 무엇인가 고민하다 이렇게 말씀 올리게 되었어요.

아이 하나가 자라기 위해 한 마을이 필요하다는 인디언의 속담처럼, 강아지 한 마리의 삶과 행복을 위해서도 참 많은 사람들의 관심과 노력이 필요한 것 같아요. 이미 많은 분들의 도움을 받았지만, 오롯이 라이스의 새 삶을 위해 염치없지만 한 번 더 도움의 손길을 바라봅니다.

어딘가에 계실 라이스의 가족분들께 라이스의 목소리가 닿을 수 있게 라이스의 정보를 공유해 주시면 라이스와 우리 가족에게 큰 힘이 될 것 같습니다. 부담스러운 글 읽어주셔서 정말 감사합니다.

평소 유기견과 구조견 이슈에 관심을 갖고 계신 몇 분을 떠올렸다. 진심을 담아 작성한 DM을 며칠 동안 텀을 두고 보냈다. 비슷한 시기에 공유되는 것 보다 하루에 한 개씩 전해지는 게 나을 것 같아서였다. 생각보다 많은 분들이 라이스의 프로필을 적은 게시물을 스토리와 피드로 공유해 주었다. 대부분 라이스에게 따뜻한 응원을 전하는 것도 잊지 않으셨다. 입양한 유기견과 유기묘에 대한 책까지 낼 정도로 반려동물에 대한 사랑이 넘치는 가수분과 많은 반려인이 좋아하는 한 반려견 용품 브랜드의 오피셜 계정, 반려인이라면 대부분 알고 있는 반려견 인플루언서 등 많은 분이 따뜻한 마음을 모아주었다.

무늬의 인스타그램 계정으로 오랫동안 교류하며 서로의 반려견의 랜선 이모를 자처한 분들도 쑥스럽게 내민 도움의 손길을 맞잡아 주었다. 대부분 유기견과 구조견의 처우 개선을 위해 각자의 자리에서 애쓰고 계신 분들이라 라이스의 입양 성사를 위한 노력에 더 공감해 주신 것 같다. 여전히 모르는 사람에게 DM을 보내는 건 너무 쑥스러운 일이지만 라이스를 앞세워 용기내 보내본다. 우리 가족의 진심을 꾹꾹 눌러 담아.

나는 누군가에게 대가 없이 도움의 손길을 보낸 적이 있었던가. 명절 때 아파트 단지 정문에 계시는 경비원분께 인사 올리고 작은 선물을 드리곤 하는데 나와 남편은 꼭 서로 하라고 미루다 가위바위보를 해서 진 사람이 한다. 그 순간이 너무 멋쩍고 쑥스러워서 어떻게든 피하고 싶어서이다. 하지만 마음을 나누는 일에 더 용기를 내기로 했다. 쑥스러워도 꼭 전해야 하는 마음은 미루면 안 된다. 라이스의 멋쟁이 키다리 아저씨들이 그러했듯.

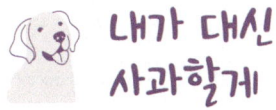
내가 대신 사과할게

💕 어릴 때부터 강아지를 좋아했다. 그때의 나에게 강아지란 곧 친구 집에서 본 하얗고 작은 개뿐이었다. 반려견과 함께 사는 친구 집에 가면 대부분 요크셔테리어나 시츄, 포메라니안, 몰티즈같이 비슷비슷한 외모의 작은 품종견이 있었다. 그 아이들은 대부분 내가 현관을 들어갈 때부터 달려와 꼬리를 치며 앞발을 들고 안아달라고 갖은 애교를 부렸고, 그 애교에 마음이 녹아내렸다. 집에 가는 길에 머릿속에서 메리와 또또, 뽀삐가 뛰어다녔다. 반면 명절이 되어 마당이 있는 주택에 사는 친척댁에 가거나 교외의 음식점 같은 곳을 가면 마당이나 주차장 한편에 덜렁 있는 개집에 사는 아이들도 본 기억이 있다. 다가가고 싶었지만 줄이 허락하는 가장 먼 곳까지 나와서 털을 바짝 세운 채 맹렬하게 짖는 모습에 지레 겁을 먹었다. 물린다고 가까이 가지 말라 어른들도 말리셨다. 그러다 보니 어린 나는 은연중에 아파트에 사는 개는 착한 개, 주택 같은 곳에서 마당에 묶여 있는 개는 무서운 개로 생각하고 살았던 것 같다.

부모님은 강아지를 '갖고' 싶다던 나의 요구를 성실히 묵살하셨다. 너무 다행이었다. 아파트에 사는 아이들의 품종이 비슷비슷했던 건 대부분 대중이 선호하는 품종을 교배하여 무분별한 임신과 출산을 반복하는 불법 번식장에서 태어나 펫샵으로 공급되는 '상품'으로서, 인간의 돈벌이 수단이었기 때문이며, 끊어질까 무서울 정도로 팽팽했던 마당 지킴이 아이들의 줄은 고작 1m로 태어나서 죽을 때까지 반경 1m의 공간에 머문다는 걸 어른이 되어서야 알았기 때문이다. 인정하기 싫지만 내가 사는 이 나라에서는 개를 가족으로 맞이해 평생 책임지는 사람만큼이나 개를 사고파는 사람, 개를 만들어 내는 사람, 개를 학대하는 사람, 개를 유기하는 사람 또한 많다는 걸 알게 되었다. 인간의 탐욕이 만든 슬픈 개들의 나라에 나 또한 그동안 무관심으로 일조하고 있었음을 깨달을 즈음, 솔이를 가족으로 맞았다. 그리고 아무도 미워하지 않는 개들의 삶과 죽음에 대해 조금 더 알게 되어 그동안의 무지함을 크게 반성했을 즈음, 무늬를 입양했다.

라이스의 이야기를 하기 위해 멀리 돌아왔다. 라이스는 '개를 방치, 학대하는 사람'에게서 살아남은 아이다. 전 소유주는 길에 버려진 듯한 아이들이 불쌍해서 거뒀다고는 하지만 개체수가 늘어나자 자기가 소유한 허름한 외양간에 가둬둔 채 멀리 떨어진 집으로 돌아갔다. 그러다 생각나면 한 번씩 와서 들여다보고 싸구려 사료나 오물통에 가까운 밥그릇에 한가득 부어주고 도리를 다했다고 생각했다. 깨끗한 물과 영양 균형이 맞는 사료를 급여하지 않아 아이들이 대야에 고여 썩어버린 빗물과 오줌, 벌레가 들끓는 사료를 먹으며 생을 연명하고 있었던 걸 학대로 보지 않는다면, 그런 환경에서 하루쯤 살아보고 다시 이야기해야 할 거다. 장담컨대 인간이라면 코를 찌르는 악취와 달려드는 각종 벌레 때문에 한 시간도 못 버틸 것이다. 그곳에서 라이스는 약 1년을 보낸 것으로 추정된다.

    라이스가 폭력과 학대에 노출된 다른 개들보다 특별히 똑똑하고 강하기 때문에 살아남았다고 생각하지 않는다. 그저 남들보다 조금 건강한 몸, 나쁘지 않았던 운 덕을 본 것뿐이다. 물론 생존의 비결은 있었다. 구조가 된 후 임시보호처에 올 때까지도 라이스의 저변에 짙게 남아있는 무언가 때문에 그렇게 생각하게 되었다. 바로 의심이다. 무늬를 보면서도 그 생각을 많이 했다. 무늬는 의심이 매우 많은 아이였다. 입양 초반의 무늬는 보통의 아이들이라면 숨도 안 쉬고 삼킬 닭가슴살을 삶아 줘도 바로 먹지 않았다. 냄새를 맡고 오래 살핀 뒤 안전하다는 판단을 한 뒤 아무도 보지 않을 때 몰래 먹었다. 오랫동안 우리의 말과 행동을 믿지 않았고, 그래서 아무런 약속도 기약도 하고 싶지 않아 했다. 오랫동안 길에서 살았던 무늬가 최악의 상황에서도 살아남기 위해 확신한 것은 모든 것에 대한 불신이었다. 무늬와 라이스의 가슴에 맺힌 목소리가 들렸다. '그래, 인간을 믿지 마. 호의를 베풀어도 믿지 마. 믿으면 제일 먼저 죽는 거야.'

무늬와 가족이 된 후 라이스를 만났기에, 매사에 의심하며 주저하는 라이스를 조금은 이해할 수 있었다. 라이스는 무엇보다 우리의 손길을 믿지 않았다. 사람의 손과 발은 부드럽게 쓰다듬다가도, 언제든 아프게 할 수 있는 변덕쟁이라는 걸 알았던 걸까. 손길뿐 아니라 자신의 몸에 무언가 닿는 것 중엔 무늬 빼고는 모두 무서워했다. 외양간에서 춥고 배고픈 날을 이겨내기 위해 몸을 맞대며 함께 버텼던 개친구들의 감촉만이 좋게 남아있기 때문인 것 같았다. 그랬던 라이스가 우리에 대해 가졌던 의심을 하나둘씩 서서히 풀어가는 걸 라이스의 행동으로 확인하기 시작했다. 나와 남편의 손길에 담은 감정이 의심의 여지 없이 사랑임을 조금씩 느끼는 것 같았다. 산책과 드라이브, 개친구들과 운동장에서 놀기, 보호자와 함께 반려견 동반 카페 가기, 1박 2일 여행까지. 어느덧 우리를 향해 입질을 하지 않은 지 오래되었다. 라이스는 여전히 겁이 많지만 순하디순한 겁보가 되었다. 이게 라이스의 본래 모습일 것이다. 라이스가 의심하는 것으로 방어하고 살아남게 한 누군가가 너무 원망스럽다. 라이스는 생존을 위해 평화롭고 느긋하게 살 수 있는 시간들을 오랫동안 빼앗겨야 했다.

그러니 누군가 라이스에게 사과해야 한다. 대충대충 아니고 아주 제대로. 라이스가 받아줄 때까지. 임시보호를 하는 동안 우리 가족이 해보기로 했다. 라이스의 분에 찰지는 모르겠지만 생각해 낸 사과 방법은 이러하다. 함께 하는 동안 라이스가 새로운 것들에게 의심을 풀 수 있도록, 기다리며 무한 지지와 응원 보내기. 라이스가 새로운 것 앞에 섰을 때 주눅 들지 않고 용기 낼 수 있도록 곁을 지키고, 마침내 용기 내 마주 서면 너무 잘했다고 말해주고 함께 기뻐해 주기. 조금 느려도 괜찮다. 라이스는 결국 다 해내는 아이기도 하다. 그러니 이왕이면 어디선가 오고 계실 라이스의 평생 가족분들도 라이스의 곁에서 조금 느려도 괜찮다고, 원하는 만큼 신중히 생각하고 천천히 행동해도 된다고 응원해 주셨으면 좋겠다. 언젠가 라이스는 분명 새로운 것들을 의심 없이 받아들이는 아이가 될 것이다. 그때쯤이면 라이스에게 우리들의 사과가 조금은 전해진 거 아닐까 낙관해 보려 한다.

그리고 평생 사과해도 터무니없이 모자라지만, 할 수만 있다면 어린 시절 단순히 착한 개와 무서운 개로 봤던 아이들에게도 사과하고 싶다. 아직도 번식장에서 원치 않는 임신과 출산을 반복하다 사그라드는 아이들과 모양만 집 흉내를 냈을 뿐 비와 바람, 땡볕을 제대로 막아주지도 못하는 마당에서 반경 1m의 삶을 사는 아이들이 많아도 너무 많다. 그 아이들을 위해 라이스에게 하기로 한 사과 방법처럼 말 대신 마음을 담은 행동이 무엇일지, 깊이 고민하되 너무 늦지 않게 행동해야겠다.

완벽한 라이스에게 단 하나 없는 것

💕 한겨울에 우리 집에 온 라이스. 겨울의 찬 공기를 닮은 어색함이 감돌던 시기를 지나 가장 뜨겁고 촘촘했던 봄을 함께 넘겼다. 어느덧 여름과 마주 설 즈음, 라이스와 우리의 세 번째 계절이 왔지만, 라이스의 가족은 아직 나타나지 않은 상태였다. 하루가 다르게 멋진 아이가 되어가고 있는 라이스를 보며, 분명 가족분들이 오고 계시는 중일 거라 믿었다. 다만 어디쯤 오셨으려나, 너무 멀리 계셔서 우리 라이스의 소식을 아직 듣지 못하신 걸까 걱정은 되었다.

걱정이 차오를 때면 인스타그램을 통해 라이스와 함께 외양간에서 구조된 친구 중 임시보호 가정에서 보살핌을 받는 아이들의 소식을 보며 힘을 얻었다. 비슷한 얼굴의 아이들이 다들 라이스처럼 낯선 사람과 함께 살아가기 위해 임보가족의 배려 하에 저마다의 자리에서 고군분투 중이었다. "오늘은 ○○이가 켄넬에서 나왔어요!", "제 손에 있는 간식을 받아먹었어요!", "첫 산책에 성공했어요!"와 같은 근황은 라이스가 해냈을 때만큼 기뻤다. 다들 사람과의 동거를 낯설어

했지만, 성격이 다른 탓인지 누구는 금방 마음을 열고 발라당 누워 배를 쓰다듬어 달라는 애교쟁이 집 멍멍이가 되었고, 다른 누구는 예리한 눈빛으로 신중하고 오래 관찰하며 조금씩 임보 가족과의 물리적, 심리적 거리를 좁혀 갔다. 라이스의 진도도 친구들과 앞서거니 뒤서거니 하며 비슷하게 따라가고 있었다.

펠라도 경상북도 문경의 외양간에서 함께 구조된 50여 마리의 구조견인 문경즈 중 하나였다. 상대적으로 어려서 사회성 교육이 수월하고 사람에 대한 경계가 적은 펠라 또래의 아이들이 비교적 먼저 임보 가족과 연결되고 평생 가족의 품에 안겼다. 펠라에 비하면 라이스의 임보처 이동은 후발대의 느낌이었는데, 어느덧 후발대 친구 중에도 하나둘 평생 가족과 연이 닿아 입양 수속을 밟는 아이들이 나타났다. 입양의 순서는 무작위였다. 정식으로 입양 공고(웹상에 아이의 성향, 건강 상태, 사람 혹은 개와의 친화력 등 상세 내용이 담긴 프로필)가 작성되지 않은 친구인데도 인스타그램 피드를 보고 입양 문의가 쇄도하는 아이도 있었다. 인스타그램에서는 여전히 라이스는 너무 예쁜 아이라서 입양 경쟁이 치열할 것 같다는 뉘앙스의 댓글을 달아주신 분들도 계셨기에 가족에 대한 옅은 기대는 늘 품고 있었다. 하지만 어느덧 라이스는 임시보호 가정의 돌봄 하에 있는 문경즈 중 가장 오랫동안 가족을 찾는 중인 아이가 되어가는 중이었다.

믿을 수 없었다. 마인드 컨트롤은 라이스와 함께 있을 때만 유효했다. 혼자 책을 읽거나 글을 쓸 때 자꾸만 "말도 안 돼! 대체 왜?"라는 내 안의 억울함과 조우했다. 단체에 약속했던 라이스의 임보 기간은 3개월이었다. 3개월은 봄이 왔을 때 이미 손을 흔들며 지나가고 있었다. 라이스가 마음을 열고 우리와 함께 한둘씩 해나가고 있던 시기였기에 임보 기간이 조금 길어지는 건 괜찮았다. 다만 이때쯤이면 임시보호가 마무리되고, 여유 있게 우리의 페이스를 찾을 줄 알았던 5개월 후의 계획도 사실상 수정하거나 취소해야 할 듯했다. 우리의 일도 일이었지만, 입양 시기가 늦어지고 있는 라이스의 임시보호자로서 나, 난 어떻게 해야 하는지 곰곰 생각했다. 조용히 기다리며 차례가 오길 바라는 게 맞을까? 라이스를 생각해서라도 단체에 라이스를 한 번이라도 더 홍보해달라고 어필해야 하는 거 아닌가? 인스타그램 홍보로는 부족한 듯하니, 지금이라도 유튜브 계정을 파서 라이스를 더 알려야 하나. 타로점이라도 보러 가야 하나. 그러거나 말거나 라이스는 하루가 다르게 애교쟁이가 되어 어느덧 식사하는 테이블 아래 엎드려 가만히 기다리는 다정한 '반려견'이 되어가고 있었다.

나는 조금씩 배배 꼬여 속으로 화를 쌓는 소인배 꽈배기가 되어 세상과 싸울 준비를 마쳤다. 남편과 가볍게 한잔하던 날, 세상과의 다툼에 대한 엉터리 출사표를 늘어놨다. 라이스처럼 마음을 여는 속도가 조금 더딘 아이와 가족이 되는 과정은 정말 다른 차원의 교감을 경험할 기회인데 못난 세상이 몰라준다며. 소형견과 품종견에 눈이 먼 사람들이 착한 라이스의 입양 길을 망치고 있다고, 라이스의 진가를 알아보는 사람이 이렇게 없는 썩은 세상이 밉다고 앞뒤 없는 넋두리를 했다. 조신하게 잘 참고 있는 줄 알았던 내가 탁구공(더 정확히는 얌체공)처럼 퐁 하고 튀어 오를 때를 남편은 잘 안다. 그럴 때 자신은 더더욱 성인군자가 되어야 한다는 걸. 남편은 내 말처럼 설령 그렇다 해도 라이스가 너무 완벽하고 멋진 아이라는 사실은 변함없다고 말했다. 그러니 분명 가족이 나타날 거라고도 확신했다. 다만 언제인지 모르니 그때까지 우린 라이스에게만 집중하자고 했다. 너무 집중해서 몸에서 사리가 나올 지경인데? 라고 되받으려다 멈췄다. 그래, 모든 걸 가진 완벽한 라이스니까 하나쯤 안 가지고 있어야 매력적이지.

우울함은 금방 사라졌고 라이스와 다시 즐겁게 지냈다. 이제는 산책도 잘하고, 자동차도 잘 타고, 우리와 한결 가까워져서 많은 걸 함께 할 수 있었다. 평일에 시간이 되거나 주말에 일찍 움직여서 교외의 공원과 카페도 함께 다녔다. 이동하는 자동차 안에서도 애교가 한층 늘어버린 라이스는, 차 문을 열어주면 아무런 의심 없이 힘차게 점프해서 올라탈 정도로 드라이브를 즐기는 강아지가 되었다. 카페에 가서도 다른 손님이나 개에게 반응하지 않고, 우리 발치나 다리에 엉덩이를 기대고 앉아 있었다. 명견 포스를 풍기는 라이스를 본 다른 사람들이 어쩜 이렇게 착하냐고 칭찬도 해주었다. 내친김에 다 함께 1박

2일 여행도 다녀왔다. 집 근처보다 훨씬 크고 넓은 공원과 강변을 산책하며 무늬와 라이스가 어울려 노는 모습을 사진과 영상으로 남겼다. 둘이 뛰어놀라고 단독 잔디 정원이 있는 숙소를 골랐다. 두툼한 앞발을 힘차게 구르며 뛰어다니는 라이스는 이제 낯선 곳에 와도 우리와 무늬가 있으니 안심하는 듯했다. 밥도 잘 먹고 배변도 예쁘고 시원하게 해결했다. 잠자리가 바뀌어서 불안해하진 않을까 걱정했지만, 오히려 초저녁부터 TV를 보는 우리 옆에 자리를 잡고 누워서 편히 숙면을 취했다. 정말 많이 달라졌다. 대견하고 예쁜 녀석. 아, 여행에서 아직 연습이 필요한 것 하나를 발견했다. 잔디 마당이 너무 좋았는지 밤이 되어서도 안 들어오려고 이리저리로 뛰어다니며 우릴 약 올린 것!

라이스와 함께하는 평범한 날들이 쌓여갔다. 그리고 아무 일 없이 아주 평범했던 어느 날, 구조단체 담당자로부터 메시지가 왔다.

"임보자님!!!!!! 라이쮸(라이스의 애칭) 오늘 입양 인터뷰 진행해요. 신청서는 참 좋았는데 인터뷰 진행한 후 바로 연락드릴게요!"

라이스는 하면 해!
드디어 가족 품에 안기다

💕 라이스의 가족이 되실 분들은 약 한 달 전에 인스타그램을 통해 라이스를 보셨다고 한다. 사정상 바로 입양 신청을 하실 수 없으셔서 라이스를 조금 지켜보고 계셨다. 그동안 너무 예쁜 라이스가 입양될까 봐 걱정이 많으셨기에, 상황이 정리된 후 곧바로 입양 신청을 하셨다고 한다. 담당자와의 인터뷰를 통해 확인한 결과, 입양 신청자분께서는 이미 라이스의 구조 배경과 기다림이 필요한 상황, 조심성 많은 성격, 그렇기에 겁이 나면 발현될 수 있는 입질 등 라이스에 대해 많은 것들을 알고 계셨다. 그냥 입양도 아닌 국내 입양이라니. 입양을 간 라이스의 소식을 종종 듣는 게 해외보다는 수월해진 것이다. 먼 이야기지만 만약 라이스의 입양자분과 마음이 잘 맞는다면, 펠라네 가족처럼 서로 연락을 주고받고 가끔 만나 뵐 수 있을지도!

누군가 우리 가족을 위해 준비한 깜짝 카메라라고 생각될 만큼 라이스의 아름다운 새 이야기의 시작이 그려졌다. 오래 애태우더니 결국 이렇게 될 일이었나! 달이와 펠라 때는 입양 확정 소식을 듣자마자 줄줄 눈물이 흘렀는데, 그때와 달리 이번엔 너무 얼떨떨한 나머지 눈물도 나지 않았다. 몇 번 기대를 품었다 성사되지 못한 만남이 있었음을 상기해서 그랬을까. 차오르는 설레발도, 눈물도 꾹꾹 눌렀다. 라이스를 데려다주기 전까진 차분한 마음을 유지하자 생각했다. 혹시 몰라 아무에게도 말하지 않았으나 임보 동지 남편에게는 바로 알렸다. 회사에서는 춤추면 안 되는데. 다행히 정상인의 얼굴로 속으로만 낄낄거렸다고 한다. 그날 밤, 남편과 무늬, 라이스 넷이 조용히 축하의 마음을 나눴다. 귀 청소도 안 했는데 갑자기 터키츄를 내미는 나를 본 무늬와 라이스는 약 1초가량 의아한 얼굴이었지만, 순식간에 야무지게 채가서 냠냠거리며 먹었다. 자기 위해 침대에 누웠는데 자꾸만 웃음이 나왔다. 우리 라이스 이제 가족 있어! 다 덤벼!

모두 기분 좋았던 인터뷰가 잘 마무리된 후, 입양 신청자분은 단체와 남은 절차를 진행하고, 다 함께 라이스의 이동 시기와 방법을 조율하게 되었다. 위액트 담당자께서 라이스에 앞서 입양 절차를 시작한 문경즈 아이 중 라이스와 성향이 비슷한 아이의 입양 절차를 알려주셨다. 입양처로 완전 이동하기 전에 입양 가족과 동거견과 구조견이 2~3단계의 사전 만남을 가져보았는데 아이의 적응에 좋은 영향을 끼친 듯하다고 말씀하셨다. 변화에 민감한 라이스에게 꼭 필요한 절차 같아서 적극 수용했다. 모두 한 마음으로 라이스를 배려해 주신 덕에 라이스가 편한 공간에서 입양 가족과 임보 가족, 라이스, 그리고 무늬가 만나기로 했다. 라이스가 데뷔했던 오프리쉬 운동장에서 만나는 것으로 약속을 잡았다. 라이스가 갈 집에는 상주견은 아니지만 근처 부모님 댁에 사는 무늬와 비슷한 또래의 반려견이 있었다. 우리 집 무늬가 그랬듯 그 아이가 앞으로 라이스의 적응에 큰 도움을 줄 것 같았다.

입양 가족분께서 먼저 입장해 계신 대관 운동장으로 자연스럽게 들어갔다. 라이스는 몇 번 와본 곳이기도 했고, 이미 신나버린 무늬가 함께 있어서 그런지 목줄을 풀어주자마자 누나? 누나? 누나를 부르는 듯 무늬를 졸졸 따라다니며 뛰기 시작했다. 낯선 사람이 있지만 힐끗 쳐다보고는 크게 신경 쓰지 않는 눈치였다. 사람들이 함께 인사를 나누고 이야기하는 듯 보이자 다가와서 쳐다보고 곁을 맴돌았다. 그러다 뭔가 생각났다는 듯 다시 빠르게 달려 나가 무늬와 이곳저곳 냄새를 맡고 뛰어다녔다. 우리는 눈으로는 라이스를 쫓으며 이야기를 나눴다. 분명 처음 뵙는 분들인데 이상하게 낯설지 않았다. 아마 라이스라는 커다란 공감대가 있어서 그런 것 같았다. 이미 라이스에 대해 잘 알고 계셔서 그런지 이야기가 막힘없이 술술 이어졌다. 입양 전에 만난 덕에 라이스를 위해 준비하실 물품에 대해 보다 자세히 말씀드릴 수 있었고, 사진과 글에 담지 못했던 라이스의 TMI도 대방출했다.

라이스는 우리가 앉아있는 그늘 쪽으로 다가와 물도 마시고 입양자분께서 내민 손의 간식도 조심스럽게 받아먹었다. 테이블 아래

와서 아이컨텍을 하며 간식을 내놓으라 애교 가득한 표정을 지었다. 역시 라이스는 가족이 있으면 아무것도 두려운 게 없는 아이였다. 나와 남편, 무늬에게 의지하듯 서서히 입양 가족에게도 마음을 열 거라고 다시 확인했다. 뛰다가 지치면 나와 남편이 있는 쪽으로 슬쩍 와 엉덩이를 대고 앉았다. 나중에는 아예 철퍼덕 엎드려 쉬기도 했다. 뛰어 노느라 가빠진 숨 덕에 오르락내리락하는 통통한 등과 엉덩이를 살살 쓰다듬었다. 입양자분께 눈짓으로 사인을 보내 함께 라이스의 몸을 살짝 쓰다듬었다. 아는지 모르는지 라이스는 별 반응이 없었다. 훈훈했던 상견례가 라이스와 라이스의 가족이 될 분들에게는 분명 도움이 되었을 것 같다.

다음 날, 이번에는 우리가 움직여서 라이스가 살 곳으로 향했다. 낯선 이와 자동차를 타고 이동하는 건 임보견이 긴장할 수 있으니, 입양을 갈 때는 너무 멀지 않은 한 될 수 있는 대로 직접 데려다주고 싶었다. 집 근처에서 함께 마지막 산책을 하고 나, 남편, 무늬, 라이스 넷이 사진을 찍었다. 함께 찍는 마지막 사진인 걸 생각하며 마음이 좀 몽글몽글해졌지만 오래가지 못했다. "애 좀 잡아줘, 아니 이쪽 봐야지, 아, 무늬 다른 곳 본다, 라이스 안돼! 줄 엉킨다, 조심! 잘 나왔나?" 누가 누구에게 하는지 알 수 없는 말들이 교차하며 우당탕 엉망진창 사진 촬영을 마쳤다. 다행히 사진에는 우리다운 모습이 담겨있었다. 처음 와 본 공원인데 라이스는 이제 너무 씩씩하고 당차게 걸었다. 한껏 올라간 자신감 넘치는 꼬리를 보며, 우리 겁쟁이 대장 라이스가 이렇게 멋진 소년이 되었음을 실감했다.

라이스의 보호자가 될 분들과 집 근처에서 자연스럽게 합류했다. 라이스 역시 우리와 즐겁게 인사를 나누고 대화를 하는 분들을 경계하지 않고 일행으로 받아들였다. 함께 걷다가 조심스럽게 리드줄을 새 가족분께 넘겼다. 뒤를 돌아본 라이스가 조금 의아해했지만, 같은 속도로 걷는 우리와 옆에 나란히 있는 무늬 누나가 있어서 그런지 멈추지 않고 계속 걸었다. 그렇게 다 함께 20분가량 집 근처를 걷다가, 물 흐르듯 자연스럽게 라이스의 집으로 들어갔다. 거실에 앉아서 라이스가 머물 자리와 용품들에 관해서 이야기를 나눴다. 라이스가 잘 먹던 간식과 옷, 리쉬, 반다나, 라이스가 쓰던 용품 이것저것을 드렸다. 그리고 별다른 인사 없이 스르륵 나가는 게 좋을 것 같아서 눈치를 드린 후 무늬를 안고 잽싸게 집을 나왔다. 나는 뒤도 돌아보지 않고 빠르게 나왔고, 급하게 따라 나오려는 라이스를 의식한 남편은 조금 머뭇거리다 나왔다. 우리의 목소리가 들리면 라이스가 당황할 것 같아서 아무 말 하지 않고 남편을 가만히 안고서, 똑같으리라 확신한 두 마음을 포갰다. 안녕, 라이스.

우리는 추억 속에서 기다리고 있을게

라이스가 가족의 품에 안긴 지 한 주가 흘렀다. 우리 집은 조금씩 나와 남편, 그리고 무늬가 살던 공간으로 바뀌고 있다. 라이스가 들어가면 위험할지 몰라 막아두었던 주방의 가림막을 치웠고, 라이스의 켄넬을 놓기 위해 한쪽으로 붙여뒀던 소파의 위치는 다시 정중앙으로 돌아왔다. 실외배변파 무늬는 사용하지 않지만, 패드 배변 100%를 자랑하던 라이스를 위해 깔아두었던 배변 패드도 고이 접어 두었다. 가구를 옮길 때 구석 어딘가에서 까꿍 하고 튀어나오는 밝은 갈색의 털 뭉치를 바라보며 아직 우리 집 구석구석에 라이스의 흔적이 남아 있음을 느꼈다.

라이스가 낮잠 잘 때 등을 기대고 옆으로 누웠던 소파 아래, 차량 도착 시그널을 알아채기 시작한 똑똑이 라이스가 외출에서 돌아오는 우리를 맞아주던 거실 복도, 서재나 침실에 있을 때 타박타박 걸어와 빼꼼하고 내민 얼굴로 방 안의 나와 눈을 맞추던 라이스의 표정. 무늬에게 줄 밥을 만들 때 나도 모르게 라이스의 밥그릇까지 꺼냈다가 집어넣었다. 밥을 준비할 때면 엄청난 먹보면서도 빤히 쳐다보기만 할 뿐, 보채지 않고 얌전히 기다리던 착한 라이스의 모습이 스쳤다. 착하다는 칭찬을 많이 해줬다고 생각했는데, 몇 번은 빼먹었던 것도 같아 마음에 걸렸다. 빼먹지 말고 말해줄걸. 아니 두 번씩 말해줄걸. 그렇게 해도 과하지 않을 정도로 상냥한 아이였던 라이스.

라이스는 펠라가 그랬듯 입양 신청자 가족분들과 트라이얼 기간을 거치는 중이다. 약 3주간 입양 신청자분은 입양 담당자의 리드에 따라 라이스와 가족이 되어 유념해야 할 사항을 실천하며 천천히 가족이 되는 연습을 한다. 그동안 라이스도 가족과 새로운 환경에 서서히 익숙해질 것이다. 별 무리 없이 이 기간을 지내면 입양이 확정되어 정식으로 평생 가족이 된다. 위액트의 입양 신청서 문항은 촘촘하게 구성되어 있으며 문항마다 제법 상세하고 구체적인 답변이 필요하다. 때에 따라서 입양 신청자 중 신청서의 사적 영역 질문과 자세한 답변을 요구하는 처사에 적잖이 불만을 품는 분도 계시다고 들었다. 라이스의 입양 신청자분은 신청서를 작성하며 오히려 단체의 진심을 신뢰할 수 있었다고 하셨다. 이렇게 견고하고 자세한 질문으로 신청자의 진심을 확인하는 것 같아 구조견 입양에 대해 더 진지하게 다가갈 수 있었다며.

신청서로 적합한 입양자를 선정하고 비대면 인터뷰와 화상 통화를 통해 구조견이 살게 될 공간을 확인해 입양에 적합한 분임을 확인해도 문제가 발생하거나 신청자가 중도 포기해 입양이 결렬되는 경우도 더러 있다. 기적 같은 기회로 죽음의 위기에서 구조되어 다시 한 번 더 자신의 모든 것을 걸고 다시 사람을 믿어야 하는 아이들에 비한다면 앉아서 몇 글자 더 적고 아이의 행복한 삶을 위해 대화를 나누는 게 과연 어려운 일일까 싶다.

라이스가 국내에 계신 분께 입양이 되어 라이스의 가족분들도 직접 뵐 수 있었고, 트라이얼 기간을 거치는 동안 멀지 않은 곳에서 지켜보며 도울 수 있게 되었다. 당연히 국내에서 가족을 찾을 줄 알았던 라이스가 시간이 지나며 해외 입양도 고려하게 되었고, 결국 영문 프로필을 작성하게 된 날의 암담함을 떠올리면 우리에겐 이 모든 게 기적과 같았다. 입양 신청자분들은 일전에 라이스처럼 사람과 친해지는 것에 신중하고 주변 환경과 변화에 긴장감이 높은 개를 보살피셨던 경험이 있는 분들이라, 첫날부터 이미 라이스가 잘 적응할 수 있도록 많은 준비와 배려를 해 주셨다. 단체의 입양 담당자분도 라이스의 가족들과 긴밀히 소통하며 라이스의 안정과 적응, 가족의 보살핌을 돕고 계셨다. 나 역시 사람과 함께 처음 살아보는 라이스의 첫 모습을 보고 겪은 사람으로서, 라이스와 라이스의 가족을 돕기 위해 임보 초반의 기억을 더듬어 라이스의 행동 방식에 관해 이야기를 나눴다.

새로 옮긴 집에서 라이스는 주로 겁을 내고 움츠려 있었지만, 한순간 용기를 내어 새로운 시도를 해 가족분들의 마음에 위안을 주며 지내고 있다. 혼란스러웠던 임보 첫 한 주가 너무나 생생히 떠올랐다. 그때는 '얘는 뭘까?' 싶었지만, 시간이 지날수록 라이스는 나름 엄청난 용기를 내서 한 발씩 내딛고 있던 것임을 알게 되었다. 조금 속상하고 지치는 순간도 있었지만, 그 기억이 쌓여 우리를 더욱 단단하게 연결해 줬다는 것도 알고 있다. 아마 라이스의 가족도 당장은 힘들지만 서로 서서히 물들어 가는 이 시간이 나중에 돌아보면 꼭 필요한 시간이었음을 느끼실 것 같다. 몇 달 지나 거실에 대자로 누워서 느긋하게 간식을 먹고 있을 라이스의 모습이 눈에 선하다. 몇 달? 빠르면 몇 주 만에 그렇게 될지도 모르겠다.

라이스의 보호자분들과 무늬와 라이스를 꼭 다시 만나게 해주자는 이야기를 나눴다. 다시 만나서 함께 산책도 하고, 대관 운동장도 빌려서 놀고, 아이들이 편하게 쉴 수 있는 카페나 식당도 함께 가자고. 우리 가족을 라이스의 친척 혹은 친정집처럼 생각해 달라는 말씀도 드렸다. 우리는 어설픈 사회성을 쌓아 올리며 마음의 문을 열었던 시절의 라이스를 지켜보고 오래 기억할 몇 안 되는 사람들이며, 영원히 라이스의 편이라는 말과 함께. 라이스로서는 감추고 싶을듯한 웃기는 과거 사진도 많이 가지고 있으므로, 정리해서 조금씩 드리겠다고도 했다. 지금 당장은 라이스가 집에 잘 적응하고 보호자분들과 신뢰를 쌓는 것이 최우선이지만, 함께 만날 수 있는 날이 머지않을 것 같은 예감이 든다. 라이스 보호자님께 연락이 올 때마다 남편과 라이스 이야기를 하다가 사진첩을 들춰보곤 한다. 입양자분들께 드리기 위해 많이 남겨뒀던 라이스의 영상과 사진이 임보자인 우리에게도 큰 추억이 될 줄이야. 가족의 품에 폭 안길 라이스가 될 날이 오기를, 차고 넘치는 라이스와의 추억 속에서 기다리고 있어야겠다.

    라이스야, 우리 꼭 다시 만나자. 우리는 추억 속에서 기다리고 있을게.

에필로그

이 개들은 다 어디에서 왔을까

💕 언젠가 그간 끄적인 글을 묶어 소박하게나마 책을 낼 수 있다면 얼마나 좋을까, 라고 막연히 생각했었다. 다만 그 책이 이렇게 구조견과 임시보호에 대해 다룰 거라고는 생각도 못 했다. 고작 유기견 보호소 봉사 몇 번과 임시보호 몇 번이라는 경험을 앞세운 글이 설득력이 있을까 걱정이 컸다. 유기 동물 및 구조 동물 보호, 동물구조단체와 동물권 수호 분야에 뜻을 품고 많은 희생을 치르며 깊이 관여하고 계신 분들께 무례한 일이 되면 어쩌나 싶은 우려도 있었다. 그렇지만 결국 자리에 앉아 차분히 마음을 가다듬고 끄적일 수 있었던 건 '이런 고민 하고 있을 시간에 한 아이라도 세상에 더 알리자.'라는 생각 덕이었다.

동물 구조 단체에서는 하루가 멀다고 최악의 환경에서 학대받고 방치되는 동물을 구조하고 있다. 그곳을 벗어나 안전하게 구조되어 다행이라며 마음을 쓸어내리지만, 사실 그 처참한 환경에서 빼 온 순간부터 진짜 구조가 시작된다고 한다. 오랫동안 방치된 아이들의 질병 치료와 사회화 교육, 온전한 가족에게 입양하기까지 더 세심한 보살핌이 수반되어야 할 시간이다. 시보호소에 매일 쏟아지는 구조 공고를 봐도 심란하다. 눈도 못 뜨고 꼬물거리는 성인 손바닥만 한 아가도 정해진 시간 동안 보호자를 못 찾거나 입양이 성사되지 않으면 며칠 뒤 하얀 국화 아이콘과 '안락사'라는 설명이 붙는다. 시보호소는 이미 과포화 상태다. 며칠 뒤 보호소에 들어올 아이를 위해 자리를 내어줘야 한다. 귀가, 입양, 안락사 모두 자리를 비워주는 일이다.

이 많은 개들은 다 어디에서 왔을까. 많아도 너무 많다. 인간은 필요에 의해 개를 사고, 돈을 벌기 위해 개를 생산해 낸다. 무지에 의해 방치된 개의 개체수가 늘어나는 경우도 있다. 임종까지 개를 반려하는 경우가 터무니없이 낮다는 통계를 봤다. 개들은 이미 그 전에 버려지거나, 지인에게 떠맡겨지거나, 길을 떠돌거나 결국 처음 이름을 불러준 '가족'과 전혀 관련 없는 곳에서 최후를 맞이한다. 그런데도 얘네들은 말도 안 되는 환경에서조차 온 힘을 다해 마지막까지 씩씩하게 살다 죽는다.

얼마 전 다민이가 수업시간에 도시의 길고양이 '까망이'에게 가족을 찾아주는 활동을 했다고 한다. 자기 가족을 소개해서 까망이에게 잘 맞는 가족인지 판단하는 과정도 있었다고 한다. 그 수업의 목표는 아무래도 가족 구성원을 소개하는 것과 반려동물과 가족 되기 정도 같았다. 무엇보다 까망이는 수업의 흥미와 몰입을 돕는 가상의 존재였다. 그런데 학교에서 돌아온 다민이는 집에 와서도 줄곧 가상의 까망이에게 온 마음을 쓰고 있었다.

"엄마, 까망이가 정말 좋은 가족을 찾았으면 좋겠어."

무늬를 통해 도움이 필요했던 무늬의 친구들이 보였던 나처럼, 다민이도 까망이를 통해 길 위에서 마주쳤던 수많은 길고양이를 떠올렸던 걸까. 다민이의 엄마인 나의 언니는 아이의 섬세한 마음이 다칠까 걱정하며 까망이는 꼭 가족을 찾을 거라고 말해줬다. 그 말을 가만히 듣고 있던 조카가 언니를 올려다보고는 웃으며 말했단다.

"맞아. 까망이를 이모에게 보내면 되겠다. 이모는 동물들 가족 잘 찾아주잖아."

길 위의 동물, 모든 구조 및 유기 동물에게 가족이 있다. 누군가 이런 문장을 쓰면 '너무 당연한 말을 굳이 왜 하는 거지?'라는 의문을 품는 날이 왔으면 좋겠다. 급한 마음보다 조금 더디긴 하지만 분명 그 날은 오고 있다. 동물권 보호와 동물 구조 활동에 생을 바치는 분들이 그날이 더 빨리 올 수 있도록 온 힘을 다해 미래를 끌어당기고 있다. 다양한 자리에서 역량을 발휘해 봉사해 주시는 분들도 많다. 임시보호 또한 지금은 허황된 꿈이지만 언젠간 실현되어야 할 미래의 그림이 완성되기 위해 필요한 조각일 것이다. 임시보호를 하는 일이 '와, 대단하다.'로 비치지 않고 주변에서 흔히 볼 수 있는 일이 되면 좋겠다. 더 많은 사람이 구조 및 유기 동물을 둘러싼 세상을 눈으로 보고 귀를 기울이고 마음에 담아 줬으면 좋겠다.

이것도 기억해 줬으면 좋겠다. 유기견, 구조견, 펫샵의 귀여운 퍼피, 파양견, 번식장의 종견과 모견, 우리 집 털북숭이 막내. 다 같은 개다. 한번 버림받은 경험이 있어 상처가 있는 개, 사람 손을 타지 않고 공격성이 있는 개, TV에 나오는 유명인이나 인플루언서가 기르는 개와 비슷한 외모의 품종견, 밝은 조명 아래 유리장 안에서 꼬물거리고 있는 인기 많은 어린 강아지. 인간의 편의와 상황에 맞게 영역을 나누고 이름을 붙인다 한들 모두 같다. 외모와 성격은 다르지만 다들 마

음속에, 인간의 상상으로는 가늠조차 하기 힘든 무한한 사랑을 품고 이 세상에 온 아이들이다. 그러니 부디 어떤 아이들만 슬프고 불쌍하지만 나와는 관련 없는 영역으로 쓱 치워버리지 말자. 내 발아래 마당만 깨끗하게 치워 꽃밭을 가꾼다 한들 무슨 소용인가. 한 발짝만 나가 보면 마당 밖 세상은 악취 가득한 폐허다. 달라지는 건 아무것도 없다.

오늘도 자신의 삶을 내던져 동물권 수호에 헌신하는 분들에게 무한한 존경을 표한다. 임시보호를 할 수 있도록 독려해 준 친구들과 가족, 임시보호동료 남편에게 사랑을 보낸다. 모든 일의 시작인 솔이와 무늬에게도 특별한 고마움을 전하고 싶다.